ein Ullstein Buch

Populäre Kultur
Ullstein Buch
Nr. 36501
im Verlag Ullstein GmbH,
Frankfurt/M – Berlin – Wien

Originalausgabe
3. zensierte Auflage

Lektorat: Martin Compart
Redaktion:
Silvia Menczykalski
Umschlagentwurf:
Hansbernd Lindemann
Unteres Filmstandbild aus
dem Film »Conan – der Barbar«,
Neue Constantin Film GmbH & Co.
Verleih KG
Printed in Germany 1984
Gesamtherstellung: Ebner Ulm
ISBN 3 548 36501 9

April 1984
21.–30. Tsd.

CIP-Kurztitelaufnahme
der Deutschen Bibliothek

Giesen, Rolf:
Kino, wie es keiner mag: d. schlechtesten
Filme d. Welt; mit vielen schlimmen
Bildern / Rolf Giesen. Hrsg. von Martin
Compart. – Orig.-Ausg. – Frankfurt/M;
Berlin; Wien: Ullstein, 1984.
   (Ullstein-Buch; Nr. 36501: Populäre
   Kultur)
   ISBN 3-548-36501-9
NE: GT

Rolf Giesen

Kino – wie es keiner mag

Die schlechtesten Filme der Welt
Mit vielen schlimmen Bildern

Populäre Kultur

Für Alfred E. Neumann

ÜBER DEN AUTOR:
Rolf Giesen, dank widriger Umstände 1953 geboren, brachte alte
Omas so lange um die Ecke bis er die Goldene Mickey-Maus-Ehren-
nadel für gute Taten erhielt. Seitdem haben gute Taten für ihn jeden
Reiz verloren.
Soeben hat Giesen mit der Gruppe »Niagara« seine erste Single fertig-
gestellt. Sie heißt »Dr. Horror« (Schema F. Musikverlag).

Inhalt

Danksagung

Die Diskretion verbietet es, die Namen aller zu nennen, die bei der Entstehung dieses Büchleins behilflich waren. Neben den vielen Ungenannten, die auch morgen noch im Filmgeschäft tätig sein wollen, danke ich trotzdem – unter Nennung ihres Namens – besonders herzlich: Klaus D. Radomski und Peter H. Vollmann, die mir mehr als einen schlechten Film vorgeführt haben; Gerda Selleng, in deren Filmagentur ich mich mit Bildmaterial eindecken durfte; Hans-Ulrich Pönack, der mich zwei Jahre lang in die dämlichsten Filme der Welt trieb; Werner Mathes von der »tip«-Redaktion für die Abdruckerlaubnis meiner Filmkritik »Tag der Idioten«; Christian Hautop, der das Interview mit Wolf Gremm führte; Jochen Schütze, der mit mir so manche Entdeckungsreise durch das Wunderland des Neuen Deutschen Films unternahm – sowie Dr. Heinz Remus, ohne den dieses Buch niemals zustande gekommen wäre. Dank auch an: A. B., D. D. T., H. K., H. Sch., H. Z. und P. H.

R. G.

Ein mahnendes Wort zum Geleit

Hier ist es endlich: das Filmbuch, das auch in die ungewaschenen Hände unserer leichtgläubigen Jugend gehört. Warnen will es – warnen vor den unabsehbaren Gefahren, in die sich lebensunerfahrene Halbwüchsige begeben, indem sie sich einer der schrecklichsten Drogen der Gegenwart ausliefern.

Hasch? Nein! Heroin?? Nein!!

Otto??? Nein – viel schlimmer: dem **schlechten Geschmack,** wie er sich allüberall durch stetigen Genuß **schlechter Filme** in beängstigender Geschwindigkeit ausbreitet!!!

Der Autor weiß, wovon er redet. Er ist bereits süchtig und steht kurz davor, im Sabber seines schlechten (Film-)Geschmacks zu ersaufen. Die Schuld daran trägt sein unwissender Vater, der das zu Recht kinoängstliche Kind gegen seinen Willen in einen wahrhaft vorsintflutlichen Märchenfilm schleifte: DAS TAPFERE SCHNEIDERLEIN. Von diesem traurigen Moment an war der kleine Rolf dem schlechten Film verfallen, mit Haut und Haaren. Hätte es schon in den fünfziger Jahren ein so wertvolles Buch gegeben wie dieses – wieviel Blödsinn wäre Rolf erspart geblieben!

Erst, als ihm das grundlegende Werk der Medved-Brüder unterkam: **The Golden Turkey Awards**, dämmerte ihm, wie sehr der schlechte Film in seinem Hirn gewütet hatte. Viele Fragen blieben jedoch offen nach der Lektüre dieses anregenden Buches – besonders eine: **Haben wir in Deutschland wirklich so wenig schlechte Filme?** Denn nicht ein einziges Filmprodukt aus unserer schönen Heimat wurde in dem Buch der Medveds gewürdigt.

Glücklicherweise haben die Recherchen des Autors ergeben, daß wir uns unserer heimischen schlechten Filmproduktion weiß Gott nicht zu schämen brauchen. Im großen und ganzen hält sie internationalem Vergleich stand. Wie beruhigend! Jetzt endlich haben auch Hanna Schygulla, Wolf Gremm und Werner Herzog ihren verdienten Ehrenplatz neben amerikanischen Baddie-Größen wie Bela Lugosi, Edward D. Wood jr. und Ronald Reagan. Wie schön!

Doch sollten Sie nie vergessen, daß dies ein *Sach*buch ist. Sollte Ihnen an einigen Stellen trotzdem, ganz unbeabsichtigterweise, ein gemeines Grinsen ins Gesicht schießen wollen, empfehlen wir dringend, darauf zu achten, daß es Ihnen im Halse oder sonstwo steckenbleibt. Vielen Dank!

Schauspieler sind auch Kühe

Filmaktricen und -akteure, deren Begabung zu denken gibt

Sybil Danning alias Sybille Danninger (1949 oder gar 1947?).
»Ich neige dazu, überlebensgroße Figuren zu spielen. Und das ist
gut so. Ich würde niemals eine Krankenschwester spielen wollen oder
eine Hausfrau. Solche Leute sieht man doch jeden Tag. Wie langweilig!«
   Dank diesem außergewöhnlichen Vorsatz reicht ihr darstellerisches
Spektrum von ihrem Filmdebüt als Loreley in Rolf Thieles Reise
durch 2000 Jahre deutscher Sittengeschichte KOMM NUR, MEIN LIEBSTES
VÖGELEIN (1968), mit dem sie sich nicht nur eine überragende Gage
von 200 Mark, sondern – auf dem nackten Felsen bei St. Goarshausen
– auch eine fürchterliche Erkältung erspielte, bis hin zu ihrem
kraftstrotzenden Auftritt in dem in Mexiko entstandenen Abenteuerfilm JUNGLE FEVER (1983): Darin verkörpert sie ihre bis dato überle-
bensgrößte Figur, eine Kokainschmugglerin, die mitten im Busch von
Mexiko über eine Urwaldfestung gebietet, in der sie alles mit ihrem
lieben Bruder teilt – Action, Gefahr, Profit und selbstverständlich
auch das Bett. Ein bißchen Leben in die Urwaldbude bringen schließlich sechs New Yorker Fotomodelle, die mit dem Flugzeug abgestürzt
sind. Genüßlich reißt ihnen Sybil die Blusen auf, foltert sie und wirft
sie dann ihren sexhungrigen Söldnern als Beute vor.
   Wer hätte so viel Überlebensgröße von einer Frau erwartet, deren
Welt – wie die »Neue Revue« (Nr. 32/83) weiß – aus Alpenwiesen,
Tiroler Abenden, Jodeln und Knödeln mit weißer Essigwurst bestand? Denn geboren wurde Sybil im verschlafenen Wels in Ober-
österreich. In Amerika (ihr Stiefvater war Amerikaner) besuchte sie
eine Kloster –, in Wien eine Kosmetikschule.
   Ihre erste große Moviechance gab ihr Adrian Hoven in einem seiner
Bumsfilme: SIEGFRIED UND DAS SAGENHAFTE LIEBESLEBEN DER NIBE-
LUNGEN (1970). Freilich wies das Ergebnis noch nicht den Standard
auf, den sich Sybil von ihrer Karriere als Filmstar erhoffte. Selbst der
gestrengste Rezensent des katholischen »Film-Dienstes« feixte angesichts des hundertprozentigen Schwachsinns, den Hoven verzapft
hatte, und meinte, »daß sogar Alois Brummers Pornoprodukte
schamrot anlaufen würden, könnten sie es«.
   Es kam, wie es kommen mußte: Sybil verließ auf der Stelle Hovens
Bett (einen richtig schönen Rolf-Bossi-Prozeß gab es in Sachen Hoven

*Auf **einer** Couch - Talentlosigkeit hoch zwei: Sybil Danning und Miles O'Keeffe*

gegen Danning, wobei Adrian wenigstens das Toupet zugesprochen wurde), nachdem sie der Münchner Filmbankrotteur Wolfdieter von Stein an einen greisen amerikanischen Filmmogul weitervermittelt hatte, der ihrer Karriere förderlicher sein würde: William Foreman. Zum Dank hielt Foreman noch einige Jahre seine schützende Hand über die zwielichtigen Geschäfte des Freiherrn von Stein, bis der endgültig in den Knast wandern mußte.

Tatsächlich schenkte William seiner Sybil standesgemäße Rollen in internationalen Superproduktionen, beispielsweise in Richard Lesters aufwendigen MUSKETIER-Filmen oder an der Seite des trinkfreudigen Richard Burton in Edward Dmytryks BLAUBART (»Immerhin: Selbst bei Richard Burton sagte Sybil Danning nein«, liest man darüber im »Playboy«). Doch – o Schande! – stets waren ihre Rollen im Skript umfangreicher angelegt, als sie im fertigen Film herauskamen. Irgendwie schienen die Regisseure, denen sie von dem inzwischen verblichenen Foreman aufgezwungen worden war, gemerkt zu haben, daß ihr Standard nicht höher war als der eines Adrian Hoven, der mittlerweile auch schon unter der Erde liegt. Unbarmherzig wanderten Unmengen mit Sybil belichteten Filmmaterials in den Abfalleimer, wo sie auch hingehören.

Da aber kleine Rollen, wenn auch in Superproduktionen, nicht mehr in Frage kamen, wich Sybil auf Hauptrollen in kleinen, aber immer noch internationalen Kackfilmen aus. In Roger Cormans SADOR – HERRSCHER IM WELTRAUM (1980) düst sie als kampflüsterne, großbusige Walküre vom Planeten Valkiri in einem klapprigen Raumschiff durchs All; in Artur Brauners S.A.S. MALKO – IM AUFTRAG DES PENTAGON (1982) liegt sie als Freundin des gleichermaßen unbegabten Ex-Tarzans Miles O'Keeffe auf der Couch; in zwei von dem Unheilsteam Menahem Golan und Yoram Globus in Italien produzierten HERKULES-Filmen (1982) agiert sie, unter der Regie von Lewis Coates alias Luigi Cozzi, an der Seite von The Incredible Lou Ferrigno, mit dem sie allerdings so ihre Schwierigkeiten hatte.

Der unglaubliche Lou (»Warum bin ich stärker als andere Männer?«) bestand darauf, daß Sybil in HERKULES nicht, wie ursprünglich vorgesehen, seine Geliebte spielte, sondern die ruchlose Tochter des korrupten Königs Minos. Darüber hinaus setzte er durch, daß zahlreiche Kampfszenen, in welchen die beiden gemeinsam ihre Schwerter schwangen, aus dem Drehbuch gestrichen wurden. Aber daraus machte sich Sybil nur wenig, wußte sie doch, wie sehr der starke Lou vor ihrer überlegenen Weiblichkeit zitterte: »Drücken wir es so aus: Mr. Ferrigno hat Probleme mit seinem Ego. Er fühlt sich von einer starken Frau bedroht. Wie andere Männer auch ist er unsicher gegenüber einer Frau, die ihren Körper im Griff hat. Er kann noch nicht mal ordentlich auf einem Pferd reiten.«

In der heimatlichen Atmosphäre von Kitzbühel, wo 1983 ihr Film CLAIR entstand, durfte sich Sybil dankenswerterweise mal nicht von der »harten« Seite zeigen. Als zärtliche Mutter und erfahrene Frau unterwies sie einen schüchternen Jüngling in den Freuden der Liebe: »Warum auch nicht! Ohne Liebe und Sex wäre die Welt öde. Wir Frauen können alles, was Männer können. Das habe ich als erste Frau, die in Hollywood echte Action-Rollen spielen kann, bewiesen. Aber wir können noch mehr: trösten, lindern, glücklich machen. Und so sage ich dem jungen Mann: Du mußt lernen, daß Liebe wunderschön ist, aber manchmal auch weh tut . . .«

Wieviel Lebensweisheit spricht aus diesen schlichten Worten. Und wieviel Selbsterkenntnis aus diesen: »Ein guter Schauspieler zu sein bedeutet: Leben erlebt und durchlitten zu haben und fähig zu sein,

Groucho Marx: »Ich mag keine Filme, wo die Titten der Männer größer sind als die der Frauen.«

diese Erfahrungen in einer Rolle zu investieren. Man muß erst wirklich die Tiefen des Lebens auskosten, bevor man aus einer Rolle was machen kann. Man muß gelebt haben und geliebt und herumgestoßen worden sein.«

Richtig: **Herumgestoßen worden sein** – aber nicht von dem Bett eines Filmgewaltigen auf die Matratze eines anderen. Denn: im Schlaf sammelt man keine Erfahrungen.

Jerry Lewis (1926–   ).
»Komisch zu sein ist für mich dasselbe wie Atmen.«
(Jerrys Motto)
»Jerry Lewis steht selbst bei ›Filmfreunden‹ im Ruf eines albernden Klamaukmachers.«
(Rolf-Ruediger Hamacher in »Medium«)

Mit 19 Koffern waren der alberne Klamaukmacher, ███████████ ████████████████████████████ und Freundin Sandie zur Premiere seines Films SLAPSTICK nach Deutschland gekommen. Einer der neunzehn Koffer enthielt die Utensilien von Jerrys neurotischem Hundezwerg »Angel«, einem tibetanischen Shih Tzu.

Auch wenn »Angel« nicht ganz wasserdicht war, so daß in dem Luxuswaggon, den der Scotia-Verleih bei der Bundesbahn für den Blitzbesuch geordert hatte und der 1938 als rollendes Badezimmer für die Herren Hitler und Göring gebaut worden war, ständig Nässepolster ausgelegt werden mußten – der Hundeliebe tat das keinen Abbruch: Herrchen schreckte nicht einmal davor zurück, in aller Öffentlichkeit einen Zitronendrops vorn zwischen die Zähne zu stecken, »Engelchen« ein paarmal daran schlecken zu lassen und dann genüßlich weiterzulutschen.

So sehr ist er auf den Hund gekommen, daß er den Köter als »my little daughter« vorstellte.

Vier Filmjournalisten durften Herrn, Hund und Freundin im Hitler/ Göring-Waggon eine Strecke Weges begleiten: Hans C. Blumenberg von der »Zeit«, Michael Schaper vom »Stern«, Michael Schwarze von der »Frankfurter Allgemeinen« und – meine Wenigkeit. Um Zeit zu sparen, schickte man Schwarze und mich zusammen zu Jerry ins

Hosen runter zum Gebet

Abteil, der – sichtlich gelangweilt und eine kleine Grippe simulierend – auf dem Sofa döste, derweil »Angel«, die Nässepolster mißachtend, den Teppich vollpißte.

Der Meister machte sich kaum die Mühe aufzuschauen, geschweige denn zu grüßen und signalisierte auf diese Weise unmißverständlich: Boys, das mit dem Interview – das wird nichts.

Überhaupt sind ihm ja Journalisten ein Greuel: Die würden ihn wohl am liebsten immer am Kronleuchter turnen sehen, obwohl er doch privat wie jeder andere sei (stimmt: wie jeder andere Psychopath!). Wer ihn *verrückt* sehen wolle, der habe gefälligst in seine Show zu kommen und dafür entsprechend zu löhnen. Sein Fernsehtarif liegt bei etwa 25000 Mark für einen Achtminutenauftritt.

Für SLAPSTICK hatte er gleich eine Million Dollar kassiert – da kann man schon verlangen, daß er voll des Lobes ist über diesen Film: »Meiner Meinung nach hat der Film eine große Chance. Ich habe das fertige Produkt allerdings noch nicht gesehen, aber ich weiß, wir haben eine verdammt gute Chance. Steven has done a wonderful job with the picture blablabla...«

Steven – das ist Steven Paul, der infantile »Kid Director«, der SLAPSTICK verzapft hat – eine mehr als hirnrissige Verfilmung des gleichnamigen Buchs von Kurt Vonnegut jr., die unverschämterweise dem Genius von Laurel und Hardy gewidmet ist – mit Jerry Lewis und Madeline Kahn in einer Doppelrolle als 2,10 Meter großes Super-Zwillingspaar mit Frankensteinschen Quadratschädeln und dessen verwirrte Eltern.

Jerry wird vermutlich der einzige bleiben, der Paul für ein **Wunderkind** hält: »He knows what he's doing; he cares and loves his work; and I know whatever he does will be good because he's good.«

Um das unerquickliche Thema SLAPSTICK so schnell wie möglich zu wechseln, fragte ich Lewis, ob er zur Zeit ein Lieblingsprojekt hege. Oh, kein spezielles – das heißt: doch! Eines, in dem fünf oder zehn Komiker aus verschiedenen Ländern mitwirken. Das Ergebnis wolle er dann den Vereinten Nationen vorführen, um zu zeigen, wie komisch sie sind.

Ob er dafür schon einen deutschen Komiker im Sinn habe, wollte Schwarze wissen. Nein, er kenne nur Karl Valentin – vom Hörensagen. Aber das deutsche Publikum sei so großartig, es liebe zu lachen, da müsse es doch einfach einen großen deutschen Komiker geben, überlegte Lewis. Nach einigem Nachdenken kam Schwarze mit dem Namen Otto. Lewis wußte nicht, wer gemeint war. Schwarze buchsta-

bierte: O – T – T – O. Aber Jerry kannte nur einen Otto: Der war ein
großer Clown bei Barnum & Bailey, kann jedoch nicht mitspielen,
weil er inzwischen verstorben ist.

Nach dem, auch in Deutschland, künstlerischen und finanziellen
Reinfall von IMMER AUF DIE KLEINEN, einer seelenlosen Anthologie
ausgeleierter Sketche, werden wir hoffentlich hierzulande von weiteren Lewis-Machwerken verschont bleiben. Zumal Jerry auch seinen
letzten Fan in Deutschland vergrault hat, wie Michael Schaper
beobachten durfte: Nach einem TV-Auftritt von Lewis in Frank
Elstners WETTEN, DASS...? bat ein zehnjähriger Junge den Künstler
schüchtern um ein Autogramm: »Mr. Lewis, you are a great actor.«
Der Angesprochene war fassungslos, wendete sich schweigend ab und
wartete, bis seine Leute den ungebetenen kleinen »Störenfried«
entfernt hatten.

Bela Lugosi (1882–1956).

Eines Nachts in Hollywood ereignete sich folgende makabre Szene:
    »Eddie«, begrüßte die Grabesstimme den um drei Uhr früh herbei-
zitierten Freund. »Heute nacht werde ich sterben. Dich will ich
mitnehmen.«

Hinter dem auf Eddie gerichteten Revolver lauerte ein tränenfeuch-
tes, wohlbekanntes Gesicht.

Dem Freund schlotterten die Knie, aber er ließ sich nichts anmer-
ken. Er kannte den alten Mann, dem er freundschaftlich verbunden
war. Eddie wußte, wie sehr den alten Knaben – ein Mitglied der
Anonymen Alkoholiker – schon ein winziger Schluck aus der Pulle zu
beruhigen vermochte. Bei einem gemütlichen Bier schüttete der Alte
dem Freund sein Herz aus: »Eddie, ich hab' gerade in der Zeitung
einen Artikel gelesen, der mich außerordentlich verwirrt. Sterben
möchte ich.« – »Warum willst du sterben, Bela, wo das Leben doch
noch so viel für dich bereithält?«

Wie sich herausstellte, hatten Kinder im Fernsehen Belas größten
Filmtriumph, der inzwischen mehr als zwei Jahrzehnte zurücklag,
gesehen: DRACULA. Und sie hatten die Zeitung mit der Frage be-
drängt, ob der Darsteller des Vampirs noch lebe. »Die Kids, sie sehen
meine alten Filme«, resümierte Bela traurig, während Eddie ihm den
Revolver abnahm. »Du weißt, Eddie, die Kids sind heute nicht so
dumm, wie manche von uns glauben möchten. Sie wissen, daß die
Filme nicht neu sind. Sie können rechnen! Kein Wunder, daß die
Kinder fragen, ob ich noch lebe – oder schon tot bin.« Plötzlich

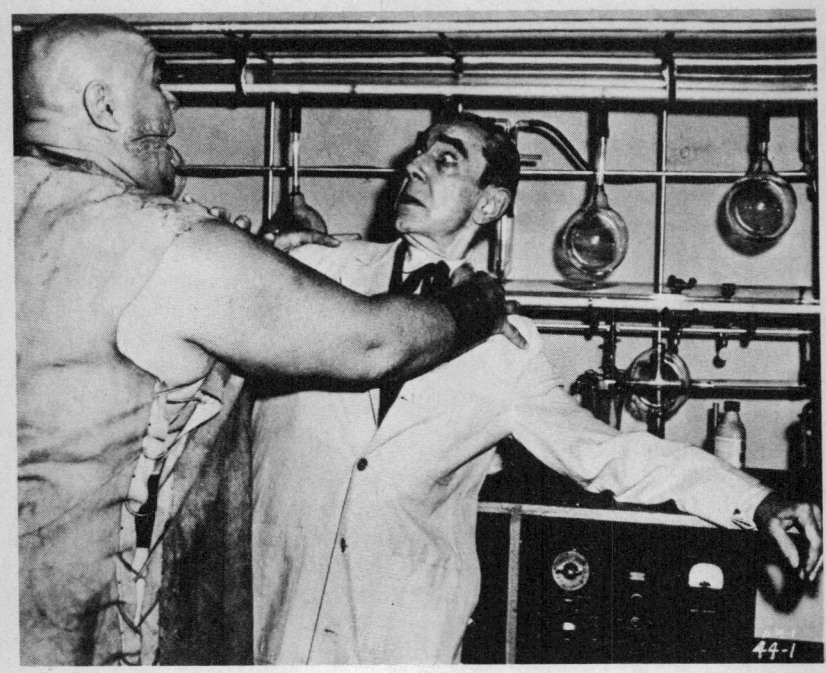

Schlag mich, bitte schlag mich

durchzuckte noch einmal unbändige Willenskraft den greisen Körper: »Was können wir dagegen unternehmen, Eddie?«[1]

Und so begann die unrühmliche filmische Zusammenarbeit der beiden. Sie waren am Ende – der ausgelaugte Bela Lugosi, gezeichnet vom Schatten des Todes, und der junge Filmregisseur Edward D. Wood jr. Unbeirrt steuerten sie dem absoluten Tiefpunkt ihrer Karriere zu.

Wenigstens Bela hatte bessere Tage gesehen, als bekanntester Blutsauger der Bühne und des Films:

»Frauen schrieben mir Briefe. Ah, was für Briefe mir Frauen schrieben! Junge Mädchen. Frauen von 17 bis 30. Briefe, die von einem entsetzlichen Hunger zeugten. In denen ich gefragt wurde, ob

[1] Robert Cremer: Lugosi. The Man Behind the Cape. Chicago 1976. S. 217

16

*ich nur Blut von Jungfrauen möge. Ob ich in dem Stück aufgetreten sei,
weil ich auch in Wirklichkeit so ein Monster sei. Und durch diese Briefe,
verborgen hinter Worten schaudernd transparenter Furcht, schimmerte
das gräßliche Zeichen von –* **Hoffnung.** *Sie hofften, ich sei* **Dracula.** *Sie
hofften, meine Liebe sei die Liebe von* **Dracula.** *Sie weideten sich an
dem Monster, das sie nicht zu verstehen wagten . . .*
*Es war die Umarmung des Todes, nach der ihr Unterbewußtsein
verlangte. Tod, der schließlich triumphierende Liebhaber.*
*Ich erfuhr, daß Amerikas Frauen unbefriedigt sind, ausgehungert,
sensationslüstern, auch wenn es die Sensation des Todes ist, der das rote
Blut des Lebens saugt.«*[1]

Die Nummer 1 im Horrorfilmgeschäft, der Thronerbe des verstorbenen Gruselkönigs der Stummfilmzeit, Lon Chaney, war Bela Ferenc
Dezsö Blasko aus dem ungarischen, heute zu Rumänien gehörenden
Lugos jedoch nur wenige Monate. Seine blutige Regentschaft begann
im Februar 1931 mit dem Erscheinen des DRACULA-Films und endete
bereits im November desselben Jahres, als ihm ein mächtigerer Rivale
erwuchs, dessen Aufstieg er selbst, indirekt, verschuldet hatte: Nachdem er die ihm angebotene Rolle des FRANKENSTEIN-Monsters abge-
lehnt hatte, im Glauben, der dialoglose Part würde ihn als dumm-
grunzendes Scheusal abstempeln und widerspreche überdies seinem
Sexy-Image, besetzte Regisseur James Whale die Rolle mit dem bis
dahin relativ unbekannten Boris Karloff, der Bela seitdem stets um
eine Nasenlänge voraus war.
   Aber nicht nur der unliebsame Rivale und der künstlerisch ein-
engenden **Typecast** nach sich ziehende »Dracula-Fluch« verschlech-
terten Belas Reputation:
   Er mied den Kreis seiner Kollegen und pflegte nur mit ungarischen
Landsleuten Umgang, was den Nachteil hatte, daß er nie vernünftiges
Englisch lernte – mitunter hatte er Schwierigkeiten, den Sinn be-
stimmter Dialogzeilen zu verstehen. Ein Zustand, der sich in späteren
Jahren, als sein Gehör nachließ, dramatisch verschlimmerte.
   Er war über die Maßen theatralisch, neigte zum Outrieren, zur
großen, übertriebenen Geste, die auf der Bühne angebracht sein mag,
auf der Leinwand jedoch lächerlich erscheinen muß.
   So war Belas Leinwandpräsenz stets erfüllt von einer tragischen
Ambivalenz. Niemand mochte dieser eindrucksvollen Persönlichkeit

[1] Lugosi, zit. nach »Motion Picture Classic«, Januar 1931

17

ein gewisses Charisma absprechen, aber sein Spiel war inspiriert von veralteten Bühnentechniken, die seiner Darstellung die peinliche Note unfreiwilliger Komik verliehen.

Schließlich hatte er nur noch die Wahl zwischen belanglosen Nebenrollen in zweitrangigen Gruselschockern der Major Companies oder Hauptrollen in drittklassigen Klamotten der abgelegenen Poverty Row Studios, vor allem der Monogram-Produzenten Sam Katzman und Jack Dietz. Bela erschien in so unsäglichen Monogram-Filmen wie SPOOKS RUN WILD (gemeinsam mit den nicht minder unsäglichen East Side Kids), BLACK DRAGONS und THE APE MAN.

In einem dieser Monogram-»Schocker«, VOODOO MAN (1944), spielte Bela einen gewissen Dr. Marlowe, der seine vor 22 Jahren verstorbene Frau Emily in einem zombieähnlichen Zustand zwischen Leben und Tod konserviert hat und Frauen kidnappt, deren Lebenswillen er ihr einflößen will. Allerdings ereilt seine weiblichen Opfer bei dem unheiligen Experiment meist das Ungemach, die Seele zu verlieren und fortan in Glaskästen im Marloweschen Keller ausgestellt zu werden.

Der folgende, wahrhaft denkwürdige Dialog zwischen Marlowe und einem seiner Opfer legt beredt Zeugnis ab vom geistigen Niveau des Gesamtunternehmens:

Marlowe: »Emily, meine Liebe, ich habe dir eine junge Dame gebracht, um dir zu helfen.«

Mädchen: »Ist Ihre Frau krank?«

Marlowe: »Sie ist tot.«

Mädchen: »Tot?«

Marlowe: »Tot seit zweiundzwanzig Jahren.«

Mädchen: »Wie kann sie tot sein und –?«

Marlowe: »Tot ist sie nur für Sie.«
Dann – mit großem Enthusiasmus:
»Ich stehe kurz davor, sie vollständig ins Leben zurückzubringen, und Sie können dabei vielleicht behilflich sein.«

Mädchen: »Was wollen Sie von mir?«

Marlowe: »Ihren Lebenswillen. Ihren Verstand.«

Mädchen: »O nein, nein! Sehen Sie mich nicht so an.«

Marlowe: »Komm her zu mir.«

Robert Charles, der diesen Unfug dichtete, war auch der Autor von Lugosis letztem Monogram-Film: RETURN OF THE APE MAN (ebenfalls von 1944). Hier beginnt das Unheil damit, daß Lugosi, als Professor Dexter, gemeinsam mit seinem Kollegen Gilmore (John Carradine) am Nordpol nach einem daselbst eingefrorenen Höhlenmenschen forscht. Wochen und Monate stapfen sie vergeblich im Studioschnee herum, bis Gilmore endlich die Geduld verliert:

Gilmore: »Kommen Sie, Dexter, wir sind jetzt sieben Monate hier und haben nichts gefunden.«
Dexter: »Gehen Sie, wenn Sie wollen. Ich bleibe.«
Gilmore: »Sie wissen, ich kann Sie nicht verlassen, Dexter – aber ich bin verheiratet.«
Dexter: »Auch ich bin verheiratet.«
Gilmore: »Verheiratet?«
Dexter: »Ich bin mit der Wissenschaft verheiratet.«

Wenig später ist Dexters monomane Suche von Erfolg gekrönt, als man tatsächlich solch einen Affenkerl findet. Daheim kommt der Forscher allerdings auf die verhängnisvolle Idee, dem haarigen Wesen das Gehirn eines modernen Menschen zu schenken, wo doch jedem Kinogänger spätestens seit FRANKENSTEIN wohlbekannt sein müßte, daß eine derart ruchlose Gehirnverpflanzung stets übel endet. So auch diese. Zwar greift Dexter auf das wissenschaftlich geschulte Hirn seines Freundes Gilmore zurück, worauf der Affenmensch sogar in der Lage ist, auf dem Klavier die Mondscheinsonate zu klimpern – aber dann brechen die animalischen Triebe in ihm durch und lassen ihn morden. Ein Polizist muß ebenso dran glauben wie Mrs. Gilmore und Dexter, der sterbend sein törichtes Tun bereut. Schließlich – mehr als unvorsichtig – verursacht Affenmensch Gilmore, der gerade seine eigene Nichte entführt hat (»Sehr hübsch. Du wirst mit mir kommen«), einen Brand in Dexters Laboratorium, in dem er gruselfilmwürdig umkommt.

VOODOO MAN und RETURN OF THE APE MAN – konnte ein Darsteller noch tiefer sinken? Er konnte! Als ihm niemand mehr eine Filmrolle anbieten mochte und sich Bela nur mühsam über Wasser halten konnte, indem er durch zweit- und drittklassige Varietés tingelte, betrat als strahlender Retter Ed Wood die Szene. Er faßte den Alten an der Hand und zerrte ihn freundschaftlich in die schlechtesten Filme der Welt, wogegen sich die Monogram-Sachen noch wie Kunstwerke ausnahmen.

Zuerst mal bot Eddie dem damals Siebzigjährigen eine Rolle in dem semidokumentarischen Transvestiten/Geschlechtsumwandlungsdrama GLEN OR GLENDA? (1952) an. Bela war echt entsetzt. Doch dreckig, wie es ihm ging, mußte er in den sauren Apfel beißen. Eddie, der, als er Lugosi verpflichtete, noch gar nicht so recht wußte, was für eine Rolle er ihm eigentlich in dem Streifen geben sollte, verfiel endlich auf den grandiosen, wenn auch nicht mehr semidokumentarischen Part eines über den Wolken, in einem himmlischen Lehnstuhl thronenden Greises, der die schicksalhaft sexuellen Fäden der Menschheit wie ein Puppenspieler zieht. Dabei hatte er so unglaubliche Sätze zu sprechen wie diese:

»Hüte dich! Hüte dich
vor dem großen grünen Drachen,
der vor deiner Haustür sitzt!
Er frißt kleine Schwänze junger Hunde und
dicke, fette Schnecken.
Hüte dich!
Nimm dich in acht!
Hüte dich!«

In höchstem Maße ungewöhnlich, wenngleich im traditionellen Kielwasser seiner früheren Filme, war auch Lugosis letzter Auftritt als verrückter Wissenschaftler in Eddie Woods schauerlichem BRIDE OF THE MONSTER (Die Rache des Würgers – 1955). Aus irgendeinem ominösen osteuropäischen Land vertrieben, hat sich Bela alias Dr. Eric Vornoff in einem amerikanischen Sumpfgebiet verkrochen, wo er sich verderblichen Experimenten mit der Atomenergie widmet: »Ich werde der Welt beweisen, daß ich ihr Meister sein kann. Ich werde meine eigene Menschenrasse vollenden, eine Rasse atomarer Supermenschen, die die Welt beherrschen wird.« Leider schlagen seine Versuche so lange fehl, bis er selbst unter seiner an eine Höhensonne erinnernden Atommaschine landet und sich in einem Atompilz auflöst.

Kaum war der Film fertiggestellt, da geriet Bela wieder in die Schlagzeilen – aber nicht wegen BRIDE OF THE MONSTER. Am 21. April 1955 bezichtigte er sich öffentlich des Drogenkonsums seit zwanzig Jahren und wurde ins Metropolitan State Hospital eingewiesen. Ein körperliches und seelisches Wrack. Aber wie immer übertrieb Bela maßlos – da war schon ein bißchen Showbusineß im Spiel. Vermutlich wollte er mit dieser ebenso theatralischen wie wirksamen Aktion die Aufmerksamkeit seiner geschiedenen Frau Lillian auf sich lenken, die nach zwanzig Ehejahren von Belas krankhafter Eifersucht und seinem gebieterischen Befehlston die Schnauze gestrichen voll hatte. Der 21. April war ein von Bela geschickt gewähltes Datum – es war Lillians Geburtstag. Und die zwanzig Jahre Drogenkonsum beruhten auf schamloser Übertreibung: 1943 hatte ihm ein Arzt zwar Morphium verordnet, um ein Geschwür zu kurieren, aber zum hundertprozentigen Morphinisten wurde Bela erst nach der Scheidung.

Schon wenige Monate später freilich war Bela geheilt. Zu seiner überraschenden Genesung hatten nicht zuletzt ein Filmangebot von Eddie beigetragen, THE GHOUL GOES WEST, ein glücklicherweise unrealisiert gebliebener Horrorwestern, und die täglich aufmunternden Briefe einer jungen Unbekannten, die geheimnisvoll mit »A Dash of Hope« unterzeichnete. Zwanzig Tage, nachdem er das Hospital verlassen hatte, heiratete er zum fünftenmal: Hope war die Erwählte. Hope Lininger war, seitdem sie im zarten Kindesalter Bela als DRACULA gesehen hatte, ein eingefleischter Lugosi-Fan (in einer fast ebenso beängstigenden Intensität wie Jahre nach ihr jene seltsame Schöne, von der Superfan Forrest J Ackerman berichtet, daß sie sich ein Kind von Bela jr. wünschte, um ein Stück lebendes Lugosi-Fleisch und Blut zu besitzen). Doch sehr bald mußte sie feststellen, daß der Greis weiß Gott nicht der erotische Blutsauger ihrer (Alp-)Träume war.

Im Februar 1956 wirkte Bela noch einmal in einem Film mit: In THE BLACK SLEEP (Die Schreckenskammer des Dr. Thosti) spielte er den taubstumm durchs Horrorgemäuer schlurfenden Butler Casimir. Ein halbes Jahr später, am Abend des 16. August 1956, fand ihn Hope tot im Bett – seine Hände hielten ein Filmskript von Ed Wood umklammert, mit dem sinnigen Titel THE FINAL CURTAIN. Gewiß wäre es sarkastisch zu behaupten, die Lektüre des grausigen Elaborats habe Belas Herz zum Stillstand gebracht; aber genügend schlimm und wirr, echt Eddie eben, war sie schon, die unheilvolle Mär von einem alten Vaudeville-Darsteller, der auf der Bühne stirbt, ohne es zu merken.

Doch nicht dieses Skript war Eddies Meisterstück, sondern das drei Jahre nach Lugosis Tod gestartete Filmdesaster PLAN 9 FROM OUTER SPACE. Fürwahr so furchtbar, daß wir uns gezwungen sehen, dieses Werk an anderer Stelle ausführlich zu würdigen.

Ein Mr. Criswell, der bei Belas Beerdigung zugegen war, erinnerte sich lebhaft an einen Vorfall am Sarg des Ungarn, der den Verstorbenen wenigstens als gestandenen Horrormann rehabilitieren könnte: Da habe plötzlich eine Mutter ihren kreischenden Sprößling zu dem Aufgebahrten, der in sein Dracula-Cape gehüllt war, geschleift: »Der kleine Junge war starr vor Angst, aber die Mutter war fest entschlossen, ihm zu zeigen, daß Graf Dracula tot war und ihm keine Angst mehr einjagen konnte. Sie sagte: ›Ich werde dir zeigen, daß er tot ist. Er wird nicht mehr zurückkommen, um dich zu erschrecken, weil er nur ein Mensch war – genauso wie dein Vater. Geh, faß ihn an!‹ Da riß sich der Junge los und rannte schreiend zur Tür hinaus. Ich sah niemals zuvor ein Kind so erschrecken.«[1]

Arnold Schwarzenegger (1947–   ).

Einen Herkules würde er niemals spielen, verkündete lauthals Arnold der Starke: »Denn Herkules macht Sachen, die absolut unglaubwürdig sind. Säulen auseinanderzuschieben, ist ja wohl nicht normal.«

So weit, so schlecht. Doch mir kommt da jener Unglückstag in den Sinn, als mich ein widriges Schicksal in ein unscheinbares Reihenhaus der Hollywooder De Longpre Avenue führte, direkt in die Krallen der daselbst firmierenden »Filmpartners« Chris Holter, Ridge Blackwell und Ron Merk. Letzterer hatte, wie sich herausstellte, ein Filmchen aus dem Jahr 1970 rekonstruiert, das wahrlich dazu angetan war, selbst dem eingefleischtesten **Baddie-Fan** die Haare zu Berge stehen zu lassen.

THE MOVIE WITH MUSCLE!
HERCULES – THE MOVIE!
(Ebenso unbekannt als HERCULES IN NEW
YORK und HERCULES GOES BANANAS.)

Das Werk, das mir die drei auf Video samt einem Pappbecher mit ungenießbarem Kaffee servierten, handelt von **Langeweile –** nicht nur der Langeweile, die den zufälligen Zuschauer spätestens nach drei Minuten überfällt, sondern vor allem der des herkulischen Titelhelden, dem es auf dem Olymp im Kreis wattebärtiger Göttergreise zu stumpfsinnig geworden ist.

Also beamt sich der Muskelmann kurzentschlossen nach New York runter, wo bekanntlich mehr Action ist – davon ist im Film freilich wenig zu merken. Im Central Park ringt Herkules mit einem Statisten im schlecht sitzenden Bärenfell. Als ihm die mißgünstige Zeus-Gattin Hera quasi von oben herab die Kraft raubt, verliert er einen Wettbewerb ausgerechnet im Gewichtheben. Er kurvt auf einem altrömischen Streitwagen übern Broadway, bis er in einer Lagerhalle seine Kraft wiedergewinnt und ein paar üblen Burschen unter Zuhilfenahme von Pappmachérollen eins über den Kopf haut.

Das alles könnte man schnell vergessen, hieße der Hauptdarsteller nicht Arnold. Genau der Arnold, der angeblich nichts von Herkules-Filmen wissen will. Freilich stand in der Publicity damals Arnold

---

[1] Criswell, zit. nach Cremer, a. a. O., S. 238

Der weiße Bwana und seine schwarzen ▮▮▮▮▮▮▮

Strong, weil das besser zu seinem komischen Sidekick Arnold Stang, der ihm im Film auf Schritt und Tritt folgt, paßte und sich zudem noch witzig anhörte. Heute aber ist uns dieser Herr wohlbekannt unter seinem österreichischen Familiennamen **Schwarzenegger.**

Als er fünfzehn war, der Arnold, verriet er dem Vater seinen sehnlichsten Wunsch: der **bestgebaute Mann der Welt** zu werden, dann rüber nach Amerika zu gehen und Filmschauspieler zu werden.

Das erste hat er geschafft: **5 mal Mister Universum, 7 mal Mister Olympia!**

Das zweite ist er nie geworden! Und wird es auch nie werden!!!

Die Legende will es, daß Sternenkrieger George Lucas und Ed Summer, ein schmächtiger New Yorker Comicladenbesitzer, Arnold in dem Bodybuildingstreifen PUMPING IRON gesehen hatten und ihn dem Produzenten Edward R. Pressman als ideale Besetzung für sein Superfilmprojekt CONAN aufschwatzten.

Da Arnold gerade nichts Besseres vorhatte, willigte er freudig ein. Vielleicht war das die große Movie-Chance, auf die er so lange gewartet hatte.

Aber wer war CONAN?

Nun, das sei ein hundsgemeiner Barbaren-Hero, bleuten ihm die Filmleute ein, aus der Feder des durch Selbstmord geendeten Pulp-Schreibers Robert E. Howard. Flugs ließ Schwarzenegger in Interviews nicht weniger hundsgemeine Statements vom Stapel (die er freilich nur in Amerika, nicht jedoch hierzulande gedruckt sehen wollte):

> *Ich liebe es, CONAN zu spielen. Und ich liebe es auch, schmutzig und schmierig zu sein in dieser Rolle. Psychologisch hatte das eine gute Wirkung. Denn eine der Qualitäten der Filmschauspielerei ist, daß sie einem erlaubt zu* **spielen**. *Es macht* **Spaß**, *ein Schwert zu schwingen und jemanden sterben zu sehen in einer Blutlache. Da wird man wieder Kind und spielt Cowboy und Indianer.*«

Um der großen psychologischen wie schauspielerischen Herausforderung der kühnen Rolle genügend gewachsen zu sein, ließ sich »Natur«-Talent Schwarzenegger herab, Schauspielunterricht zu nehmen, der allerdings ebensowenig fruchtete wie die händeringenden Bemühungen eines Sprachtrainers, der angeheuert worden war, ihm seinen österreichischen Dialekt abzugewöhnen (schließlich einige man sich darauf, CONAN möglichst wenig Dialog ins Maul zu legen).

Aber im Vordergrund stand ja sowieso nur das körperliche Training. Täglich rannte Arnold vier Meilen zum Strand und stürzte sich dann ins kühle Naß der Meereswogen. Heißa! Dieses war auch bitter notwendig, denn:

> *John Milius (der Regisseur) versprach uns Dreck und Schmerz, und von beidem gab's reichlich – aber auch ebensoviel Spaß. (Aha, da ist er wieder!) Die Stunts in CONAN waren alle sehr real, sehr körperlich, sehr gefährlich. Wenn man von zehn Pfund schweren Säbeln getroffen wird, da kann man nichts vortäuschen, da wird man eben getroffen.*«

Irgendein übergeschnappter deutscher Kritiker witterte hinter Schwarzeneggers kraftstrotzendem CONAN-Porträt unsinnigerweise ein Stück schauspielerischen Materialismus, insofern man auf den ganzen Body des Akteurs achte und nicht mehr auf sein Gesicht. So sollte man es auch halten, denn Arnolds »Mienen«-Spiel, besonders bei den »sehr realen« Kampfszenen, stellt die Grimassen eines Jerry Lewis weit in den Schatten.

Der Arnold sei übrigens nicht nur außerordentlich geschäftstüchtig, versicherte mir ein Mitarbeiter des Verleihs, sondern auch über die Maßen intelligent – kein hergelaufener Muskelidiot, sondern ein **Studierter**. Damit ich mich persönlich davon überzeugen konnte, lud man mich nach Hamburg ein, um den CONAN-Star auf seiner dortigen Pressetour zu begleiten.

Und ich überzeugte mich, daß der Arnold ein »Studierter« ist – darauf gebe ich Brief und Siegel: ████████████ Da fragte er mich doch allen Ernstes, ob Hamburg im Zweiten Weltkrieg bombardiert worden sei, aber als ich ihm die verheerenden Folgen des allseits bekannten großen Luftangriffs auseinandersetzen wollte, sah ich, wie er teilnahmslos eine Angestellte des Filmverleihs betatschte, und ließ von meinem Vorhaben ab.

Bei einer Zwischenstation in den Redaktionsräumen einer Hamburger Zeitung, wo Leseranrufe erwartet wurden, erlebte ich, wie er seine überheblichen Spielchen mit den Anrufern, die er offensichtlich für ausgemachte Vollidioten hielt, trieb, sich hinterrücks über sie lustig machte und grinsend seine bekannten Grimassen schnitt. Immerhin aber waren die Anrufer so intelligent, Mister Schwarzenegger nicht nach seinem Film zu fragen, sondern nur nach seiner Bodybuildingkarriere. Das wurmte ihn derart, daß sich ein Angestellter des Verleihs erbarmte, in eine nahe Telefonzelle schlich und wegen CONAN anläutete, was den Meister einigermaßen beruhigte.

In einem allzu verräterischen Fernsehinterview sprudelte mal folgendes unbedacht aus ihm heraus:

»Ich bin Conan! Er ist wie ich, ein sehr physischer Charakter. Während des ganzen Films gibt es keinen Augenblick, in dem er denkt.«

Luis Trenker (1892–   ).
»Ich hasse alle Menschen, *die, bar jeglicher schöpferischen Kraft und Fähigkeit, immer erst dann munter werden, wenn anderen durch Fleiß und Mühe etwas gelungen ist. Dann fangen diese Herrschaften an zu kläffen. Für diese Naturen ist ›Popularität‹ ein gefundenes Fressen für ihren Tatendrang und Geldhunger, den sie am ergiebigsten befriedigen können, indem sie Negatives berichten.«*[1]

---

[1] Wolfgang Gorter: Mein Freund Luis Trenker. Seebruck am Chiemsee 1977. S. 110

O nein! Nicht schon wieder eine Lawine

So schreibt der Bergfilmer und Trenkerfreund Wolfgang Gorter in einem Büchlein, das seinem großen Idol gewidmet ist, und erinnert sich lebhaft eines Besuches beim nicht minder lebhaften Luis, der – scheinbar erhaben über Kritik und Kritiker – auf der Höhe seiner geliebten Berge thront:

»*Als wir vor kurzem auf der Terrasse seines Bozener Heimes standen und, wie so oft, philosophierten, sagte er mit seinem unübertrefflich schelmischen Lachen zu mir: ›Wenn ich amal keine Feinde mehr habe, werde ich wissen, daß es abwärts mit mir geht! Wer Lust hat, soll doch schimpfen und schreiben über mich, was er will. Da drüben steht der Rosengarten – dort die Sella –, dort droben ist der blaue Himmel und da drunten wachsen in Fülle die Trauben – magscht a Glasl?!‹ Freilich mochte ich eins und noch eins, jede Stunde, die ich*

mit Trenker verbringen durfte, habe ich etwas profitiert: Ja sagen
zum Leben und nein zu denen, die es uns versauen wollen!!«[1]

Das beinhaltet natürlich auch ein klares NEIN zum vorliegenden
Buch, dessen Verfasser, in seinem verblendeten »Tatendrang und
Geldhunger«, keinen Gefallen daran finden mag, den Luis, »das
Symbol der Berge und der Freiheit«, himmelhoch jauchzend zu
besingen wie der Gorter oder jener süperbe Trenkerfan, den Gorter
zitiert:

> »Dieser Trenker
> ist doch der universellste Bursch,
> den die Bergwelt jemals hervorbrachte!
> Hart wie der Felsen,
> strahlend wie die Sonne,
> elastisch wie das Holz,
> brillant wie das Eis,
> faszinierend wie der leuchtende Schnee!
> Sein Name wurde zum Begriff,
> seine Gestalt zum Symbol,
> sein Kopf zum Typ des
> echten, unverwüstlichen Bergmenschen!«[2]

Schön und echt wie er selbst, hat der Luis natürlich auch ein Auge für
alles Schöne und Echte neben ihm, wie folgendes Zitat, aus dem
»Film-Kurier« vom 23. August 1933, zur Genüge belegt:

> *»›Hitlers Landhaus Wachenfeld am Salzberg in Berchtesgaden ist ein*
> *›schiener Platz‹, sagt Trenker lächelnd. Des Führers Geschmack,*
> *sein Verständnis für die Landschaft, sein Drang nach Weite und*
> *großer Linie dokumentieren diesen Besitz, der in einer klassisch*
> *schönen Gegend liegt.«*

Dennoch – und das werden nur wenige wissen – fungierte Trenker
schon bald als entschiedener Gegner des Nationalsozialismus und
betrachtet sich sogar als Verfolgten des Naziregimes. Verfolgt wurde
er beispielsweise, weil Hitlers Geliebte Eva Braun offensichtlich in
den Luis verknallt war. Dies gefiel dem Diktator ebensowenig wie
jene markante Szene aus dem Film CONDOTTIERI, in welcher der
fromme »König der Berge« es fertigbrachte, ihm als Statisten zugeteil-

---

[1] Wolfgang Gorter: Mein Freund Luis Trenker. Seebruck am Chiemsee 1977. S. 127
[2] Ebd., S. 85

te Angehörige der Leibstandarte »Adolf Hitler« ausgerechnet vor dem (Film-)Papst niederknien zu lassen.

Ansonsten aber hatte und hat der Luis mit Politik nichts im Sinn – und wenn er sich mal fröhlich scherzend mit Franz Josef Strauß ablichten ließ, dann war das kein Akt politischer Wahlhilfe, sondern das klassische Indiz einer in gemeinsamer Bewunderung für die Berge gewachsenen »Männerfreundschaft«. Na, wenn das was Politisches sein sollte... Ab jetzt also kein Wort mehr über Politik!

Ohnehin wird jeden aufrechten Cineasten ja auch viel mehr interessieren, wie ein kleiner Bergbauernbub aus den Grödner Dolomiten ausgerechnet ins Filmmedium stieß.

Trenkers erste Erinnerung an das Kino ist untrennbar verbunden mit einem Innsbrucker Kinobesitzer, der eine ████████████████ weit über die Ohren gestülpt trug und einen █████ der bis zu den Knien reichte. So einen verflucht ███████████ wollte der Luis, der damals zehn war, natürlich auch haben – und damit stand für ihn fest, daß er ein Kinomann werden mußte. Das bedeutet (so unglaublich es klingen mag), daß die Filmträume von Luis eigentlich nur durch den heimlichen Wunschtraum vom ████████████ gespeist wurden und daß es ohne ██████ vermutlich keinen einzigen Trenkerfilm gegeben hätte.

Eines Tages, im Winter 1923, trieb den Luis ein Regenschauer wieder mal in ein Kino, wo gerade IM KAMPF MIT DEM BERGE lief. Tief bewegt schrieb Trenker an den Regisseur Dr. Arnold Fanck und schlug vor, gemeinsam einen Kletterfilm in den Dolomiten zu drehen, aber der Bergfilmpionier war von der Idee seines Fans nicht sonderlich beeindruckt: Klettern eigne sich nicht für den Film, hieß es in Fancks Antwortschreiben.

Doch irgend etwas zog Fanck unwiderstehlich, gegen seinen Willen, in die Dolomiten (war es göttliche Fügung?), wo er reumütig an Trenkers Tür klopfte: Ob der Luis ihm bei den Filmarbeiten nicht als »sportlicher Berater« zur Seite stehen wolle? Lohn gebe es zwar keinen, doch dafür würde ihm die Möglichkeit gegeben, sich mit einer bescheidenen Geldeinlage zu beteiligen. Irgendwie schien der Luis gerochen zu haben, daß das die Chance seines Lebens war. Denn sonst hätte er das Geld doch viel besser investieren können, in einem Sakko beispielsweise, und wäre uns erspart geblieben. Aber offensichtlich ging es nicht mehr nur um einen Sakko, sondern um ein höheres, am Ende gar gottgewolltes, Ziel: die Filmschauspielerei.

Zu Fancks Team gehörte unglücklicherweise ein alter russischer

Schauspieler namens Oberg, der auf die lausige Idee kam, daß Trenker und nicht der dafür engagierte Bühnenschauspieler die Hauptrolle in dem Film spielen müsse. Fanck wehrte sich beharrlich gegen diesen satanischen Einfall mit einem Argument, das, wenigstens in diesem Falle, von hohem geistigen Niveau zeugt: **»Nichts zu machen, der kann nicht spielen, er ist kein Schauspieler.«**

Leider ließ Oberg nicht locker, und der Ungeist des schlechten Films ergriff Besitz von Fanck.

Mit dem Angebot in der Tasche rannte der frischgebackene Filmstar unverzüglich zur lieben Trenkermutter:

»Die gute Mutter strahlte. Ihre Augen glänzten immer, wenn ich ihr etwas erzählte. Sie war die dankbarste Zuhörerin meines Lebens.

›Warum überlegst du lange? Du wirst gefallen, und in den Bergen bist du ja so am liebsten – nimm nur an und schau aber auch, daß du etwas verdienst‹, sagte die stets Besorgte.

›Aber es könnte auch schiefgehen, Mutter, ich bin ja noch nie vor einer Kamera gestanden, und wer weiß, wie ich auf der Leinwand aussehe, außerdem wird man weiß geschminkt wie ein Clown, man schaut nachher direkt anders aus, ich hab' ein Gefühl, daß das nichts für mich ist.‹

›Weiß oder schwarz, pah – das macht gar nichts, das laß nur die Leute machen, wie sie wollen, die werden ihre Sache schon verstehen. Spiel nur. Du wirst es schon recht machen!‹«[1]

Als guter Sohn folgte Luis dem Rat der Mutter ohne Widerspruch – geschminkt zu werden aber verbat er sich dennoch: Wenn ich eine bleiche Großmutter spielen müßte, dann vielleicht, aber so nicht! »Und so wurde dieser Bergfilm – er führte den Titel ›DER BERG DES SCHICKSALS‹ – zum ersten Male mit ungeschminkten Darstellern vor den ungeschminkten Bergen gedreht.«[2]

Die Berge aber –

»Die Berge schauten zu und schwiegen.«[3]

In zwei weiteren Fanck-Filmen, DER HEILIGE BERG und DER GROSSE SPRUNG, war Luis Partner von Leni Riefenstahl, die im Nazifilm eine so zweifelhafte Karriere machen sollte. Dann drängte es ihn, in seinem unermeßlichen Ehrgeiz, selbst zur Filmregie.

[1] Das große Luis Trenker Buch. München, Gütersloh, Wien 1974. S. 170 f.
[2] Luis Trenker: Kameraden der Berge. Wien, München 1970. S. 207
[3] Das große Luis Trenker Buch, S. 172

Dem Fanck mal einen ordentlichen Schuß vor den Bug geben! Doch das meiste, was er anpackte, war entweder politisch fragwürdig (der Landser-Heroismus von Berge in Flammen, der sich nazistischen Idealen bedenklich nähernde Rebell), hochgradig naiv (Liebesbriefe aus dem Engadin) oder biederstes Laientheater, in dem Trenkers Untalent manchmal sogar auf große Namen von Bühne und Film überschwappte (Der Kaiser von Kalifornien).

Dabei hat der Luis stets mit gebotener Umsicht und großer Strenge Regie geführt. Wenn mal was nicht klappte, wurde er sehr schnell ungeduldig und schlug dem Nächstbesten das Megaphon, das er für seine grandiosen Massenszenen benötigte, um die Ohren: **»Leckts mi alle mitanand am Arsch!«** So und nicht anders klingen Regieanweisungen, die zum Ziel führen. Oder, Statisten anfeuernd: **»Wollt ihr laufen, ihr Hunde!«**

Professionalität wurde auch bei den komplizierten »Spezial«-Effekten für den Feuerteufel großgeschrieben: Da gab es eine Szene, da sollten Tiroler Bauernrebellen den über die Brücke eines reißenden Gebirgsbachs reitenden »Franzmännern« Felsblöcke auf die Schädel werfen. Trenker wußte wohl, daß es zu gefährlich sein würde, sich echter Felstrümmer zu bedienen, zumal er die Statisten noch brauchte, und kam auf den klugen Gedanken, künstliche Felsen fabrizieren zu lassen, die aus Draht und mit Ölfarbe angestrichenem Sackrupfen bestanden. Diese »Drahtsackfelsen« wirkten in der fertigen Aufnahme derart realistisch, daß das Ganze noch einmal gedreht werden mußte. Denn plötzlich waren die Felsen so leicht, daß sie partout nicht im Gebirgsbach versinken wollten, was der große Meister zu spät bemerkte: **»Schaugts den Dreck o, jetzt hama schwimmende Felsen aa no – so a Sauerei...!«**

Heute macht der Luis leider keine Filme mehr, weder welche mit noch ohne schwimmende Felsen. Dafür wettert er wie ein Rohrspatz gegen den Unrat, den es sonst auf der Leinwand zu sehen gibt:

»Die öffentliche Moral, wie sie sich heute in einer Reihe von Film- und Druckerzeugnissen bei uns dokumentiert, dürfte auf einen Tiefstand abgesunken sein, der nirgends in der Welt unterboten wird. Ich wuchs in einer Welt auf, in der Religiosität, ideale Weltanschauung, Opfermut und treue Kameradschaft als das Schönste galt, was das Leben geben kann. Dies ist anders geworden. Werte werden zunehmend in Frage gestellt, meist stimmen auch die Worte

nicht mehr und wo die Begriffe fehlen, liegen Moral und Recht im Argen.«[1]

Besonders peinlich berühren den Luis die vielen »unmoralischen« Sexfilme. Doch ehe er da andere kritisiert, sollte er erst mal in der eigenen Familie nachschnüffeln. Ich erinnere mich noch genau, wie meine heile Welt ins Wanken geriet, als ich aus einer Rezension des katholischen »Film-Dienstes« erfahren mußte, wer der Kameramann jenes verabscheuungswürdigen Filmbummels durch Nachtlokale verschiedener Weltstädte, NACKT, UM ZU LEBEN, war: **Floriano Trenker!** Jawohl, niemand anders als der gottesfürchtig erzogene Trenkersohn Florl.

Hanna Schygulla (1943–   ).
In einem Filmlexikon wird Hanna Schygulla als eine Darstellerin beschrieben, die »das Ausspielen von Emotionen« vermeidet: »eher neigt sie manchmal zu übertriebenem Understatement. Die darin liegende Gefahr mangelnder Überzeugungskraft kompensiert sie durch ihre sehr individuelle Aura einer kunstvoll stilisierten Weltentrücktheit, in der auch leise Regungen bedeutsam werden, und die es ihr erlaubt, in einem Atemzug Sätze wie ›Ich bin glücklich, ich bin unglücklich‹ zu sagen und dennoch glaubwürdig zu bleiben.«[2]
    Kunstvoll stilisierte Weltentrücktheit! So kann man fehlende schauspielerische Begabung auch umschreiben.
    Die internationale Kritikerzunft lobt »ihre einzigartige Darstellung eines neuen weiblichen Selbstverständnisses, das die eigene persönliche Verletzbarkeit nicht verleugnet und dennoch selbstbewußt nach eigenen Wegen sucht« (»Kölnische Rundschau«), sie spiele »mit entschiedenem Mut zur Häßlichkeit und mit der ihr eigenen Verschlossenheit und Stilisierung« (»Hessische Allgemeine«) – versteigt sich gar, wie im Falle des »New York Magazine«, zu der irren Behauptung, Hanna Schygulla sei eine unglaubliche Mischung aus der Dietrich und der Harlow, sie bringe die Schauspielerei auf einen neuen Stand sexuellen Wissens. Woher der Schreiber solches nimmt, ist absolut unbegreiflich.

Unbegreiflich auch, warum ausgerechnet die Hanna 1983 in Cannes den »Preis der besten Darstellerin« einheimsen konnte als Belohnung für ihre Rolle in dem Marco-Ferreri-Film DIE GESCHICHTE DER PIERA.

[1] Trenker: Kameraden der Berge, S. 315 f.
[2] rororo Filmlexikon. Reinbek 1978. S. 1347 f.

In der Tat habe Hanna Schygulla die (ihr nun gar nicht auf den Leib geschriebene) Rolle einer Nymphomanin mutig angepackt, schreibt Hellmuth Karasek im »Spiegel« – »das heißt: sie zieht sich immer wieder mutig aus oder setzt eine Struppi-Perücke in Grau auf. Dabei lächelt sie, berserkerhaft sanft; gnadenlos lächelt sie Geburtswehen, Schicksalsschläge, männliche Fußtritte hinweg: gütig, wissend, verstehend, verzeihend, überlegen, unter Tränen, tapfer, mädchenhaft, mütterlich... Sie lächelt, das ist die Gefahr des neuen Sanftheitskultes, ihre Rolle zu Tode.« Sie, die noch immer nicht gelernt habe, Dialoge zu sprechen, ergehe sich nur in unerträglich chargierten Hysterieausbrüchen und tumbem Lächeln, pflichtet Rolf-Ruediger Hamacher im »Film-Dienst« bei.

Ein Rätsel, warum diese Frau ausgerechnet in Italien so populär sein soll, in Italien, das so kraftvolle Schauspielerinnen hervorgebracht hat wie Anna Magnani und Giulietta Masina – denn über eines verfügt Hanna Schygulla nicht: über mimische Kraft. Saft- und kraftlos ist

Wo Männern nichts mehr einfällt

sie, frigide, absolut künstlich, das zombiehafte Geschöpf der nicht minder künstlichen Filme Rainer Werner Fassbinders, die oft durch eine seltsame Gefühlskälte auffielen. Peu à peu verinnerlichte sie diese künstliche Fassbinder-Puppe, und dies nicht nur vor der Kamera, wie sich Kurt Raab, Fassbinder-Mitarbeiter der ersten Stunde, erinnert:

>>Da wir ein kleines Team waren, halfen wir alle zusammen, wenn die Scheinwerfer aufzubauen, die Schienen zu legen waren oder Schweres zu transportieren war. Auch Fassbinder faßte mit an, er wollte uns allen wohl ein gutes Beispiel geben. Nur Hanna Schygulla gab keines; sie ging auch nicht mehr, sie schritt traumwandlerisch. Da ich viel Arbeit hatte und ihr die Kostüme hinterherschleppen mußte, faßte ich einmal den Mut und bat sie kollegial – schließlich hatte wir doch lange Zeit gemeinsam als Partner auf der Bühne gestanden –, ob sie sich nicht wenigstens um ihre Kostüme selbst kümmern könnte. Sie blickte mich mit verständnisloser Traurigkeit an, und das kann nicht nur daran gelegen haben, daß sie schlecht sieht. Ich bekam sofort Schuldgefühle, daß ich ein solches Anliegen überhaupt an sie heranzutragen gewagt hatte, ich hatte übersehen, daß ich jetzt nur noch ein kleines Rädchen war in der Maschinerie und sie sowas wie die Krönung obenauf. Sie war wie ein Mensch, der auf leichter Bergeshöh steht und fassungslos herunterschaut, während ein anderer von unten her, aus der Tiefe, dem Dunkel, ihm zuruft, er möge doch herunterkommen. Ich senkte auch gleich mein Haupt, kam mir vor, als hätte ich verbotenerweise einen Blick in den Himmel getan. War sie also, ohne daß ich es gemerkt hatte, als neuer Stern zu den Sternen abgefahren? War sie jetzt noch ein menschliches Wesen oder bereits Fassbinders Kunstgebilde? Die Hanna war mir nicht mehr geheuer. Die Hanna, die noch zuvor so kumpelhaft mit mir zusammen Hauptrollen auf der dürftigen **antitheater**-Bühne gespielt hatte, war ein kalter Engel geworden, unnahbar und unberührbar.<<[1]

Möglicherweise wußte der gute Raab nicht, daß Hannas schauspielerische Laufbahn sogar als Engel begonnen hatte. Siebenjährig stand sie als Weihnachtsengel auf der Schulbühne und trällerte: >>Vom Himmel hoch, da komm ich her<< – und dachte: >>Jetzt sehen alle, daß ich ein Engel bin.<<

---

[1] Kurt Raab/Karsten Peters: Die Sehnsucht des Rainer Werner Fassbinder. München 1982. S. 140 f.

Ihre Lieblingslehrerin in der 2. Klasse prophezeite ihr: »Aus dir wird mal was Besonderes.« Nonne wollte sie damals werden. Nun ist sie die Nonne des Neuen Deutschen Films geworden.

Als Teenager waren ihre Idole Brigitte Bardot und Marilyn Monroe, zwar keine umwerfenden Schauspielerinnen, darin ihr ähnlich, aber Frauen mit einer unerhört erotischen Ausstrahlung, über welche Schygulla nun gar nicht verfügt (obwohl sie mit 13, was hier nicht verschwiegen werden soll, unter südlichen Sternen und dem verwehten Klang des Gummimambo einen Schönheitswettbewerb gewonnen hat).

Seit dem Tod Marilyn Monroes hatte die Hingabe an ein Publikum für sie freilich etwas Tödliches. Und wie andere zum Psychoanalytiker gehen, ging Hanna, um dieses Tödliche zu ergründen, auf die Schauspielschule. Aber sie verkrampfte sich, hatte, berechtigterweise, »Angst davor, daß nichts rauskommt, weil nichts drinsteckt«, und warf das Handtuch. An genau dieser Stelle hätte die Geschichte ihrer Karriere enden müssen, wäre nicht unter den Schauspielschülern Fassbinder gewesen, wie sie ein Einzelgänger. Der schrieb ihr, ein Jahr war inzwischen vergangen, einen Brief: »Hast du Lust, die Antigone zu spielen? Premiere übermorgen. Komme in das Kino an der Müllerstraße. Gruß Rainer.« Peer Raben, alias Wilhelm Rabenbauer, der »Regisseur«, gab ihr den Rat: »Das ist ganz einfach. Du mußt einfach gut aufpassen und schauen, was die anderen machen, und das machst du dann auch mit. Du wirst schon sehen, das ist so eine Art Machttanz oder so. Und wenn du alleine dran bist, dann mach mal. Dann kannst du was ganz Extremes machen oder mach gar nichts, das kommt auch stark.« Mach gar nichts – das kommt auch stark. Das ist die Devise, die Hanna seitdem beherzigt hat.

Eine neue Bahn habe sich aufgetan, schreibt sie: »Ein Satellit kommt in Umlauf. Ein zweites Ich. Der Ort ist gefunden für meine Geistesabwesenheit. Hier kann ich mit offenen Augen träumen ohne den stieren Blick in die Ferne oder ins Leere oder nach innen und niemand wedelt mit der Hand vor meinen Augen und sagt: ›He, wo bist du, komm zurück.‹«[1] Somnambulismus als Schauspielerei!

Anfangs war ihr selbst unheimlich, wie schnell sie herausgehoben wurde – »fast nebenbei und ohne Zittern und Zähneklappern und Wissen, wie's geht. Sondern mit eben einfach Machen.«[2]

---

[1] Schygulla: Bilder aus Filmen von Rainer Werner Fassbinder. München 1981. S. 26
[2] Ebd., S. 27

Geprobt wie im »richtigen« Theater wurde im **action-** und nachfolgenden **antitheater** nicht sonderlich viel. Bis heute habe sie Geschmack daran, wenn nicht so oft geprobt werde, meint Hanna: wenn's gleich gelte wie im Leben. Nur daß das, was dabei herauskommt, wenig zu tun hat mit dem Leben. Aber solang es den Kritikern gefällt, die irgend etwas faseln »von einer faszinierenden Mischung aus Künstlichkeit und Naivität und schlafwandlerischer Sicherheit und Dilettantismus« . . . Alle vier Charakteristika treffen zu, gewiß – nur: warum ist das so ungeheuer faszinierend?

Nach dem Theater kam der Film, der wieder ganz andere schauspielerische Techniken voraussetzt als die Bühne. Niemand sollte hier allzusehr auf theatralischen Manierismus pochen. Niemand, außer Hanna. In Fassbinders Filmen dilettierte sie weiter wie in den Bühnenaufführungen. Das fing bei Liebe ist kälter als der Tod (1970) an und fand ein vorläufiges Ende mit der Fontane-Verfilmung Effi Briest (1974). Danach hatte sie, eine Zeitlang, keine Lust mehr. Oder hatte das am Ende mit einer Szene zu tun, die ihr Fassbinder bei den Effi-Dreharbeiten machte: »Er könne ihr Gesicht nicht mehr ertragen, so fauchte er, sie gehe ihm auf die Nerven, sie langweile ihn nur noch, nichts würde ihm mehr einfallen zu ihr, sie wäre verbraucht.«[1]

Grund genug jedenfalls zur Selbstbesinnung: »War ich am Anfang fasziniert von meiner eigenen Verfremdung auf der Leinwand, sehe ich jetzt Starre und Wiederholung und Lüge, oder ist es nur ein Danebensein? Der Traum wird zum Alptraum. Ich möchte, daß es mich da oben nicht so gibt, wie es mich gibt. Ich wollte, ich könnte mich da runterholen, mich nehmen und an die Wand klatschen, und ein erlöstes Wesen steigt aus dem ekligen Ding.« Zu Recht fragt sie: »Bin ich so leblos geworden?«[2]

Sie verordnete sich also eine vierjährige Zwangspause, reiste viel und überdachte ihre Situation – nur das Wichtigste wollte sich immer noch nicht einstellen: Ausdruckskraft und Talent. Dennoch nahm Rainer sie nach ihrer Bußzeit wieder in Gnaden auf und machte mit ihr Die Ehe der Maria Braun (1979). **A German Star is born**, jubelten die Kritiker. Fassbinder, auf den Spuren Josef von Sternbergs, hatte seine Marlene gefunden, die nur keine Marlene war und dies auch niemals sein wird. Aber nachdem der Braten nun einmal angerichtet

---

[1] Raab/Peters, a. a. O., S. 186
[2] Schygulla, a. a. O., S. 31

war, roch ihn auch der bayrische Altproduzent Luggi Waldleitner und köderte die Hanna mit der dankbaren Rolle der Lili Marleen (1980). Natürlich – darauf bestand sie – mußte **RWF** die »Spielleitung« übernehmen. Es muß ihr eine gewisse Befriedigung bereitet haben, daß **sie** es war, die diesmal **ihn** engagierte, nicht mehr darauf angewiesen zu sein, auf ein demütigendes Zeichen **seines** Besetzungs»büros« zu warten. Lili Marleen, so mochte sie insgeheim gehofft haben, würde einen Star aus ihr machen, einen wirklichen Star, der sogar den Rainer überstrahlte. Doch wieder kollidierte sie mit den Tücken ihres Untalents: Eine andere (Ingrid Caven) mußte ihr den famosen Titelsong synchronisieren. So verlautet jedenfalls aus gut informierter Quelle.

Was man ihr freilich nicht absprechen kann, ist die Fähigkeit, nicht gar so schnell von dem hohen Roß zu fallen, das sie bestiegen hatte. Als hätte sie Fassbinders Tod vorausgeahnt, bemühte sie sich alsbald um Engagements bei anderen Regisseuren, filmte mit Godard und Carlos Saura. Das war der Augenblick, in dem auch mir die Stunde schlug. Ich durfte mit dem leuchtenden Stern »zusammenarbeiten« – sie war der Star, während ich im Produktionsbüro über Pressetexten schwitzte. Das Wagnis hieß Eine Liebe in Deutschland (1983). Hanna spielte darin eine Gemüsehändlerin aus dem Dorf Brombach, die sich 1941 in einen polnischen Zwangsarbeiter verliebt, der dafür von den Nazis gehängt wird. Ein großer, weil wahrer Stoff, den Rolf Hochhuth zu einem Roman verarbeitet hatte, und ein bekannter Regisseur, der Pole Andrzej Wajda, sollten für einen ebenso großen Film bürgen. Produzent Artur Brauner träumte sogar schon von einem Oscar, aber Hanna, dessen war ich sicher, würde diesen Traum wie eine Seifenblase zerplatzen lassen.

Wie sie das angestellt hat – die Hanna? Nun, sie erklärte dem Regisseur beispielsweise, daß sie ihre Rolle mehr als ruhenden Pol begreift (wie der verständige Leser merken wird, drängte es sie wieder einmal zur Traumtänzerei), während Wajda Wert legte auf Nervosität und eine gewisse Unsicherheit. Resultat – Originalton Schygulla: »Ich spiel' erst mal, und dann sehen wir ja!«

Miterleben zu dürfen, wie sich Liebesszenen zwischen Piotr Lysak, der den Zwangsarbeiter verkörperte, und Hanna abspielten – **shokking!** Hat diese Frau, angeblich »Deutschlands begehrtester Leinwandstar«, jemals wirklich geliebt, fragte ich mich instinktiv.

Horrible die Schygullasche Einheitsmiene, stets gleich bei den unterschiedlichsten Anlässen, bei Freude, Trauer, Schmerz – absolut unfähig, Gefühlsregungen zu zeigen. Eine müde Maske – mehr nicht! Wenn sie, von der Dorfbevölkerung als »Polen-Liebchen« verhöhnt, auf dem Marktplatz zusammenbricht, dann ist das tiefste Provinz, Hintertupfinger Bauerntheater, nicht jedoch eine preisverdächtige Leistung.

Wenigstens eine Kollegin, die hier namentlich nicht genannt sein soll, war entsetzt wie ich, der ich das Treiben im CCC-Filmstudio fassungslos beobachtete: Hannas Auftritt in Margarethe von Trottas unsterblich langweiligem Filmstück HELLER WAHN (1982), in dem sie eine Germanistikdozentin spielte, verriet mir jene Kollegin, unterscheide sich in nichts, weder in Diktion noch in Bewegungsart, von ihrer Interpretation der kleinen Gemüsefrau von Brombach...

Geilermanns Töchter

Die erregende Welt des Sex- und Sittenfilms

Der Sex- und Sittenfilm, wie er sich anfangs im Nachkriegsdeutschland regte, war das konsequente Produkt einer allzu lässig, geradezu fahrlässig, betriebenen Entnazifizierung.

Eine These, die zuerst einmal abwegig klingt. Denn was haben' ausgerechnet die Nazis mit Sex- und Sittenfilmen zu schaffen?

Zumal der Nationalsozialismus, in seiner übersteigerten Lustfeindlichkeit, allen fleischlichen Freuden den Kampf angesagt hatte: Schließlich genüge ein einziger Beischlaf eines Juden bei einer arischen Frau, »um deren Blut für immer zu vergiften«.

Genau da aber liegt der Hund begraben. Erhoben sich doch gleich nach dem Krieg die NS-geschulten Tugendwächter des deutschen Volkes, um vor der Gefahr einer' grauenvollen »Lustseuche« zu warnen – hervorgerufen durch die zersetzte Sexualmoral einer schlappen Demokratie, die auf den Trümmern des in die Brüche gegangenen Führerstaates errichtet wurde. Kennen Sie die gedankenlos dahergeplapperte Redensart: Unter Adolf hätte es das nicht gegeben?

Um nun aber den Anfängen eines allzu ausschweifenden Sexualtreibens zu wehren, der sündigen Flut ansteckender Geschlechtskrankheiten, die hinter jeder Ecke lauerten, Einhalt zu gebieten, entschlossen sich diese Herren, den Teufel mit Beelzebub auszutreiben. In unserem Falle heißt das: die geil gewordene Bevölkerung, die ja einen enormen Nachholbedarf hatte, ins Kino zu locken unter dem Vorwand eines ganz tollen Sex- und Sittenfilms, der sich als horrender Antisexfilm entpuppte.

Ein Freund von mir, der sich als Bub in einen dieser »Aufklärungs«-Filme geschmuggelt hatte, verriet mir drei Jahrzehnte danach, es sei der Horror dieses einen Films gewesen, welcher in ihm die Wahnvorstellung nährte, daß Liebe die schlimmste Sache der Welt sei: »Ein Kuß – und du fällst tot um.«

Am Anfang war das SCHLEICHENDE GIFT (1946), ein »medizinischer Aufklärungsfilm« aus Österreich, der in seiner Diktion an die widerlichsten Propagandastreifen der Nazis anknüpfte, an den EWIGEN JUDEN vor allem – nur daß es hier keine Juden sind, die sich wie Ratten in Europa ausbreiten, sondern Infektionskrankheiten als Folge der »verderblichen Wirkung« allzu regen Nachkriegs-Geschlechtsverkehrs.

Eine gute Stunde lang ergeht sich ein Arzt, mit erhobenem Zeigefinger, in schulmeisterlicher Warnung vor »jugendlichem Leichtsinn« wie auch der »Sucht Charakterschwacher«, wobei er seinen schockierten Zuhörern einige bedauerliche Opfer vorführt: »Dieser Anblick – ziemlich erschreckend, nicht?«

Zwischendurch gibt es Spielszenen, die Zufallsbekanntschaften anprangern – besonders nach Alkoholgenuß, der bekanntlich alle Hemmungen beseitigt. Da läßt sich ein blitzsauberes Mädel von einem schmierigen Dandy mit Pralinen und Wein in eine dunkle Wohnung locken. Während sich ein fröhlicher Zecher nach ein paar Flaschen Wein in einer Gastwirtschaft von einer Nutte eine Zigarette anzünden läßt, was später üble Wirkung an seinem Mund zeitigt.

Hergestellt wurde der filmische Schrecken unter der medizinischen Oberleitung von Professor Dr. Leopold Arzt, Vorstand der Universitätsklinik für Haut- und Geschlechtskrankheiten in Wien, und freigegeben war er von der Freiwilligen Selbstkontrolle nur »zur Vorführung getrennt nach Geschlechtern«!

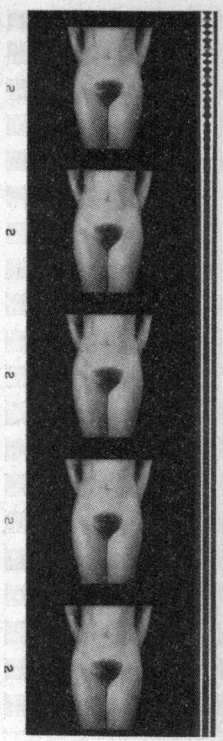

Filmschnipsel aus »Schleichendes Gift« (Erotische Sammlung eines Filmvorführers)

Doch warnen kann man nicht genug – daher: EVA UND DER FRAUENARZT (1951). Fred und Nicky bewohnen gemeinsam eine kleine Wohnung. Eva ist mit ihnen befreundet. Alle drei studieren zusammen. Eva und Nicky sind heimlich verlobt – heimlich, weil Fred nicht wissen darf, daß Eva und Nicky sich lieben, denn auch Fred liebt Eva. Und niemand will, daß es aus ist mit der schönen Kommilitonenfreundschaft, die ihren Höhepunkt findet, als Nicky Freund Fred bei einem Skiausflug das Leben rettet. Doch dann muß der edle Retter zwecks Studienabschluß in die Schweiz, obwohl ihm die Trennung von seiner Eva gar nicht behagt. Am Abend vor der Abreise wird noch einmal ein zünftiges »Atelierfest« veranstaltet, auf dem sich der dramatische Knoten zu schürzen beginnt: Als das kleine Fest zu Ende geht, verlieren sich Nicky und Eva, durch den Trennungsschmerz kopflos geworden, aneinander, nachdem Nicky Freund Fred, um ihn abzulenken, ein ziemlich triebhaftes Mädchen zugeführt hat, das den Betroffenen erst mal vergewaltigt. Am nächsten Morgen kommt es zwischen Nicky und Fred zu einer verständlichen Szene, und Nicky reist im Zorn ab.

Während er fleißig in der Schweiz studiert, erkennen Eva und Fred, wie es um sie steht. Freilich erwartet Eva ein uneheliches Kind von Nicky, und Fred hat sich angesteckt, als ihn die Triebhafte vergewaltigte. Beide versuchen sich selbst zu »kurieren«, ohne Erfolg. Eva geht daraufhin zum Abtreiber, flieht aber stehenden Fußes aus der verkommenen Praxis. Auch Fred vertraut sich einem Kurpfuscher an, der ihm nur Geld abnimmt, aber nicht helfen kann. Nicky kommt derweil bei einem Flugzeugabsturz in den Alpen ums Leben, woraufhin Eva einen Selbstmordversuch unternimmt, der mit einer Frühgeburt endet.

Tragisch das alles – nicht wahr?

Tragisch und bis ins kleinste konstruiert. Konstruiert wie auch das Happy-End, für das ein gütiger Frauenarzt, Doktor Florian (Albrecht Schoenhals), durch aufklärende Vorführung von Szenen aus dem amerikanischen Film BECAUSE OF EVE sorgt. Seine Schulung führt das Schicksal von Fred (inzwischen geheilt), Eva und der Frühgeburt zu einem glücklichen Dreierbund zusammen.

FEIND IM BLUT (1957)

Irgendwo im Hessenland hat sich ein strammer Jungbauer in des Bürgermeisters Töchterlein verliebt. Nach gemeinsamem Nacktbad im sommerlichen See sieht das Pärchen freudig der Geburt eines Stammhalters entgegen und tritt in den heiligen Stand der Ehe. Es fügt sich, daß just in derselben Gegend ein brünstiger Lkw-Fahrer Ausschau hält nach einem willfährigen Mädchen und dabei an eine Verwandte des Jungbauern gerät, die sich jedoch rechtzeitig dem Betrunkenen entziehen kann. Frustriert stürzt sich der Abgewiesene ins sittenlose Großstadtleben von Frankfurt, pafft eine Marihuana-Zigarette und macht sich, im Rausch der Sinne, an eine alte Dirne heran, bei der er sich ansteckt. Glücklicherweise nimmt sich ein freundlicher Arzt die Zeit, den Erkrankten unter Verwendung eines veralteten Stehbildvortrages in das Unwesen von Tripper und Syphilis einzuführen: »In Zukunft vorsichtiger sein, mein Lieber!« Danach – wie schön! – geht alles wie von selbst. Im Krankenhaus lernt der Lkw-Fahrer den an einer Blinddarmentzündung erkrankten Jungbauern kennen, der ihn nach gemeinsamer Genesung auf seinen schmucken Hof mitnimmt. Sofort erkennt die Schwägerin des Jungbauern den seinerzeit Abgewiesenen und heißt ihn eilends mit einem Verlobungs-kuß willkommen. Das ist ja wirklich noch mal glimpflich ausgegangen.

Weniger Glück hat da Ingrid Bertoldi aus der »Ostzone«, die in KÜSSE, DIE TÖTEN (1958) den Entschluß faßt, im Westen zu bleiben. Da sie jedoch keine ordentlichen Papiere hat, gerät sie in die Klauen des zwielichtigen Barbesitzers und Rauschgifthändlers Bronner, der gerade geeignete Vorführdamen für sein Etablissement sucht. Dort läßt sie sich mit einem amerikanischen Besatzungssoldaten ein, von dem sie unverzüglich geschwängert wird. Wenig später fliegt Bronners Laden auf, und die Polizei findet die von dem Gauner vorbereiteten falschen Papiere für Ingrid, die sich traurig nach der alten Heimat sehnt, nach Vater und Mutter. »Plötzlich sieht sie einen Schienen-strang, der für sie die Verbindung zu ihrer Heimat symbolisch darstellt. Sie rennt auf diesem in die Nacht hinaus und verliert beim Heranbrausen eines Zuges die Besinnung! Furcht und Verzweiflung haben sie halb unbewußt in die andere Welt getrieben, aus der es kein Zurück gibt . . .« (Illustrierte Film-Bühne)

Daß selbst in diesem Streifen der obligatorische gynäkologische Lichtbildervortrag nicht zu kurz kommt, versteht sich von selbst.

Das ist ja fast so schlimm wie bei den Hottentotten, dachte sich das solcherart geängstigte Publikum. Unverzüglich informierten sich eini-ge clevere Produzenten, die das mitgekriegt hatten, in welcher Gegend die Hottentotten hausen – in Afrika nämlich, und da soll es ja auch ganz schön nackt zugehen.

Also machten sie sich daran, einen wirklich freizügigen Film in Afrika zu drehen: LIANE, DAS MÄDCHEN AUS DEM URWALD (1956) – nach Motiven einer in der Bild-Zeitung gedruckten Fortsetzungsge-schichte und einem Drehbuch von Ernst von Salomon.

Im Mittelpunkt steht die weiße, kaum bekleidete, Göttin eines wilden Negerstamms. Unter 12000 Bewerberinnen wurde für diese Rolle die damals 15jährige Marion Michael (Marion Michaela De-

longe) aus Berlin-Lichterfelde ausgesucht, die für ihre Lianenturnerei die beschämend unbedeutende Gage von 1300 Mark bekam (der Film spielte etwa fünf Millionen ein).

Was Tarzan sein Lord Greystoke, das ist Liane ihr begüterter Großvater in Hamburg, in dessen zitternde Arme (»Ihre Mutter war genauso. Komm her, du Satansbraten«) sie von Filmheld Hardy Krüger geführt wird, der das Unschuldskind im Busch gefunden und es auch in den Feinheiten der deutschen Sprache unterwiesen hat.

Hardy: »Bravo, Liane. Und was ist das?«
Liane: »Biene?«
Hardy: »Nein, nicht: Biene. BIRRRNE.
          Biene ist so: BZZZZZ...
          Mein Gott, ist das schwer, dir die deutsche Sprache beizubringen.«

Nachdem Opa gemeuchelt und der Täter, ein mißgünstiger, häßlicher Neffe (»Das, wofür ich jahrelang gerackert und geschuftet habe, erbt ein kleines Buschmädchen«), bei einer turbulenten Verfolgungsjagd mit seinem Wagen in tödliches Naß gebraust ist, zieht es die nun steinreiche Liane, der die Zivilisation so gar nicht behagen will, zurück in den Urwald, zurück zu ihren Negern – Hardy selbstverständlich an ihrer Seite. Denn da muß sie wenigstens nicht angezogen rumlatschen.

Zitat aus der Kritik des katholischen »Film-Dienstes«:

»Das ist alles mit einer hilflosen Ungeschicklichkeit angerichtet, die es angezeigt sein ließe, kein Wort mehr über diese lächerliche Dreigroschengeschichte zu verlieren, wenn darin nicht der Vorwand zu erkennen wäre, ein junges Mädchen einigermaßen nackt sich vor der Kamera tummeln zu lassen. Es ist wohl nicht gut möglich, in den Verdacht der Prüderie zu geraten, wenn man gerade dieses heuchlerische Verfahren als peinlich empfindet – ein Verfahren, das mit sentimentalen, in keiner Weise begründeten Natürlichkeitsvorstellungen operiert, um dem gaffenden Kinobesucher mehr oder weniger attraktive Nuditäten preiszugeben. Viel ärgerlicher als der Tatbestand ist die ungenierte **Absicht***, die ihn veranlaßt hat. Zweifellos, man kann nicht von unbehaglicher Schwüle sprechen, es werden nicht erotische Attraktionen dargeboten, aber eines ist doch nicht zu bezweifeln: man spekuliert dreist auf bestimmte Anfälligkeiten des Kinobesuchers, von dem man anzunehmen scheint, er leide an jenen Komplexen, die gewisse Zeitgenossen nach dem ›Montmartre‹ oder auf die ›Reeperbahn‹ zu tragen pflegen.«*

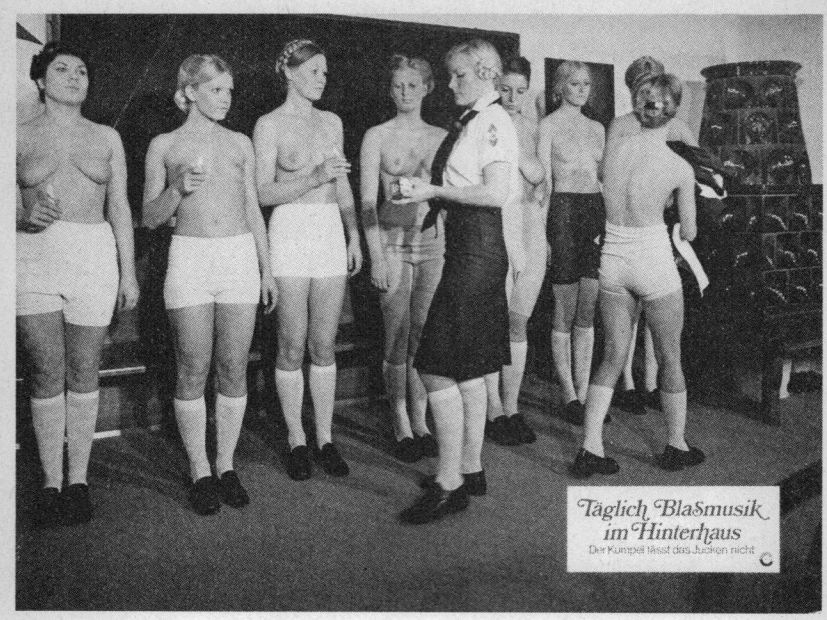

Ohren waschen nicht vergessen

Doch zurück nach Deutschland. Nach Bayern diesmal, wo Ende der sechziger Jahre ein gewitzter Geschäftsmann Heimatfilme ganz neuer Art herzustellen begann: Alois Brummer, ein Speditionsunternehmer, der zufällig auch ein paar Kinos besaß, hatte, um sich voll aufs Kinogeschäft konzentrieren zu können, seine Spedition verkauft und einen Filmverleih samt Produktion aufgemacht.

Grundlage seiner Millionen waren zwei Billigproduktionen: GRAF PORNO UND SEINE MÄDCHEN (1968) und GRAF PORNO UND DIE LIEBESDURSTIGEN TÖCHTER (1969). Als Regisseur fungierte ein Günter Hendel, den Brummer freilich nach ihrem dritten Film, EROS-CENTER HAMBURG (1969), mit einem Arschtritt an die frische Luft beförderte: »*Er wollt' zum Beispiel im EROS-CENTER, da wollt' er mir die Geigenmoni net reinmachen. Die Geigenmoni und der Baron von Schlecker, wo er fremdgeht, das sind die beiden schönsten Stellen vom ganzen Film, weil sie lustig sind, vor allem die Schadenfreude der Frauen, wenn sie sehen, ha, der is fremd'gangen, kriegt eine*

Ach bitte, mach' mir den Hengst

drauf und so weiter. Dann auch im Dialog, s' sehr schöne Dialoge drin, von einem, der is so warm, daß er sich mit der Hand die Hosen bügeln kann, des is doch 'n schöner Dialog, gell, der G'saufer Strammsackel, haha...«
(Zitat aus der Syberberg-Dokumentation Sex-Business made in Pasing, 1969)

Während Hendel sich nach seinem Rausschmiß, erfolglos, selbständig zu machen versuchte – mit dem »Porno«-Western EIN LANGER RITT NACH EDEN (1971), in welchem die Banditen Jack und Langer in einer Geisterstadt zwei junge Quäker-Ehepaare auf der Durchreise terrorisieren –, blieb Brummer im Lande, nährte sich redlich und begann, unter Zuhilfenahme eines kleinen Handbuchs, selbst Regie zu führen.

Kurz wollen wir hier auf zwei besonders schöne Regieleistungen vom Alois eingehen:

45

BEICHTE EINER LIEBESTOLLEN (1970)

Zu den Klängen »Freude, schöner Götterfunke«, herzergreifend über Berg und Tal trompetet, stapft die liebestolle Maid, 16 Jahre jung, durchs Alpenland geradewegs in den Beichtstuhl eines barocken Kirchleins, um allerlei sündiges Treiben zu bekennen. Herzallerliebst, wie?

Und

OBSZÖNITÄTEN (1971)

Ein Superpotenter schlägt aus seiner Potenz Kapital, indem er seinen Wunderpimmel in eigener Praxis an liebeshungrige Frauen verhökert. Bis er genug davon hat und sein kostbares Geschlechtsteil für 100 000 Dollar an einen Arzt verscherbeln will, damit er es einem Zittergreis überpflanzt. Doch das Geschäft zerschlägt sich, als sich der Sexualprotz in eine Maid verliebt und dringend seiner Potenz bedarf. Bedauerlicherweise will's ausgerechnet jetzt bei ihm nicht funktionieren, weil er nur einen zu stehen kriegt, wenn er's für Geld tut. Da kommt dem Mädli die rettende Idee: Es bindet sich einen Tausendmarkschein vors Bäuchlein – und auf einmal klappt's.

Wo wir gerade über Sex aus deutschen Landen reden, dürfen wir natürlich nicht die zahllosen REPORTS des Produzenten Wolf C. Hartwig (der uns auch den STEINER bescherte) vergessen: Schulmädchen-, Hausfrauen-, Schlüsselloch-, Ostfriesen-, Tanzstunden-, Bademeister-, Skihaserl-, Hotelzimmer-, Briefträger- usw. Report.

Stellvertretend für viele hier der FRÜHREIFEN-REPORT (1973) mit insgesamt 8 lehrreichen Episoden, darunter

Kalli nützt die Konjunktur

Kalli ist während einer Urlaubsreise der Eltern mit seiner Schwester Anita allein zu Hause. An Schwesterleins Vorbereitungen ersieht er, daß sie ihren Liebhaber erwartet. Das nützt er schamlos aus. Beim zärtlichen Zusammensein stört er die beiden derart, daß Anitas Freund sich nicht anders zu helfen weiß, als Kalli auf die Straße zu schicken. Er gibt ihm den Geheimauftrag zu zählen, wie viele Männer mit Bart vorbeikommen. Für jeden will er ihm 50 Pfennig schenken. Nach einiger Zeit stürzt Kalli, wiederum ganz unverfroren, herein und grinst: »Du, Günter, das wird 'ne teure Bumserei für dich! Da hinten kommt ein Demonstrationszug mit mindestens 500 Studenten – und jeder zweite hat einen Bart.« Für Anita und Günter bricht nicht nur

Sie machen, was sie wollen – und sie wollen viel!

eine Welt zusammen, sondern auch die Couch unter ihnen...

Das Dienstmädchen

Die schulischen Leistungen des schlaksigen Edgar, eines vierzehnjährigen Gymnasiasten, lassen immer mehr zu wünschen übrig. Das hat den einfachen Grund, daß er während einer Krankheit durch das Dienstmädchen seiner Eltern betreut wurde: die sexhungrige Erna. Anfangs erschöpfte sich Ernas Fürsorge darin, ihm zur rechten Zeit Mahlzeiten und Medizin ans Bett zu bringen – dann ging sie dazu über, den Jungen zu verführen. Nun hat Edgar zwar seine seelischen und pubertären Verklemmungen verloren, aber auch das Interesse an der Schule und den Schularbeiten...

Die rosa Orgie

Die 13jährige Resi erlebt zusammen mit ihrem Freund Peppi, wie ein älterer Playboy mit jungen Mädchen zu einer Party fährt. Ihr

47

Freund weiß ihr die »Orgie« so animierend auszumalen, daß Resi dem Drängen Peppis nachgibt und mit ihm schläft. Allerdings nicht aus Liebe, sondern gegen Bezahlung. Einmal auf den Geschmack gekommen, sucht sie nun immer weiter Kontakt. Es dauert nicht lange, und Resi ist bei allen Männern im Dorf bekannt. Ihre Mutter hat von alldem keine Ahnung. Wenn sie abends nach Hause kommt, mimt Resi die liebe, unschuldige Tochter, aber nicht sehr lange. Eines Abends ist das traute Heim leer. Beunruhigt sucht die Mutter ihre Tochter. Sie findet sie im »Haus am See«, wo reiche Stadtmenschen mit Resi eine »rosa Orgie« feiern. Sofort alarmiert die Mutter die Polizei, läßt die Veranstalter verhaften und muß erleben, wie ihre frühreife Tochter als Opfer ihrer Hemmungslosigkeit in der Erziehungsanstalt landet.

Doch ist der FRÜHREIFEN-REPORT immer noch »Gold« gegen Sachen wie JUNGFRAU AUS ZWEITER HAND (1966), den übrigens Alois Brummer, wenn auch nicht produziert, so doch in seinen A.B.-Verleih genommen hat:

> »Ein dilettantischer Schmuddelfilm, eins dieser wunderbaren Lichtspiele, die aus zwei, drei kleinen Meisterwerken zusammengeschnitten werden. Irgendeiner beginnt in München einen aufreizenden Sex-Krimi zu drehen. Das ist dann noch so ein Strumpfbandfilm mit vielen weißen Schenkeln, schwarzer Unterwäsche, und immerhin: ... ein paarmal ist ein Brustansatz oder ein Stückchen Warze zu sehen. Dem Produzenten ist das zu wenig. Die Zeiten haben sich schließlich geändert. Er läßt ein paarhundert Meter **richtig scharfe Mädchenszenen** nachdrehen von einem anderen Regisseur. Mit anderen Darstellern natürlich, denn die ersten machen schon den nächsten Film. Das merkt man, auch wenn man nicht so genau hinsieht. Da geht eine hübsche Blonde ins Schlafzimmer und zieht sich ein bißchen aus im Halbdunkeln, plötzlich ein irrer Schnitt, alles gut ausgeleuchtet, und ein anderes Mädchen (da hilft auch die Perücke nichts) räkelt sich auf einer Couch, macht einen fast schon scharf, doch da kommt die kleine Blonde wieder und spielt zugeknöpft weiter. Das geht anderthalb Stunden so, bis endlich die Richtige, nachdem die Falsche oft genug ihre besten Seiten gezeigt hat, irgendwo an Jugoslawiens Küste sterben darf.« (Friedemann Hahn, »Filmkritik« Nr. 3/73)

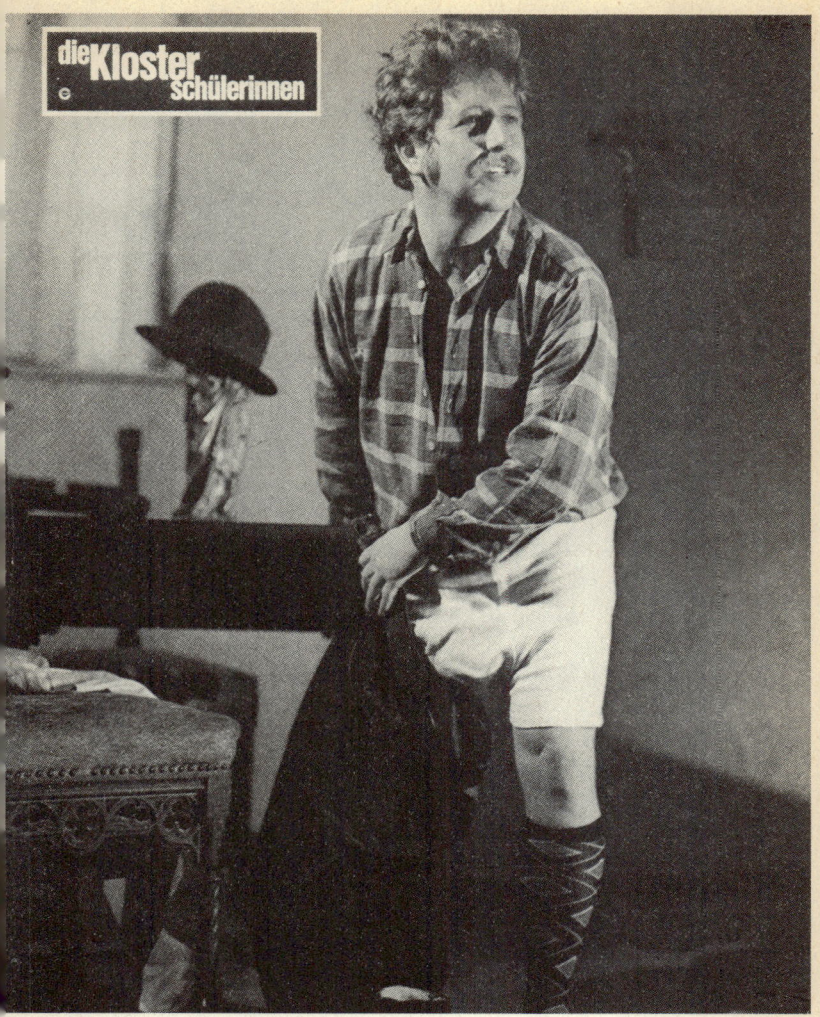

die **Kloster** schülerinnen

O Verzeihung, Herr Pfarrer

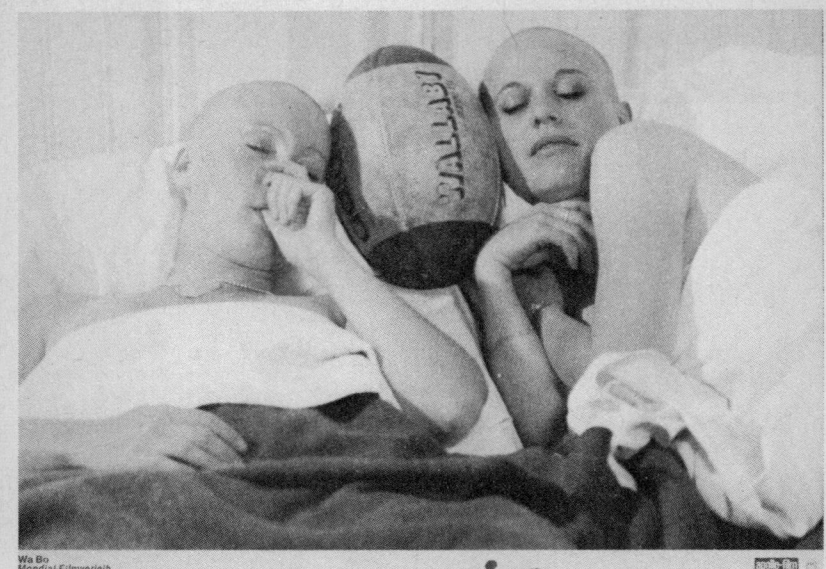

EIN ANGRIFF AUF
IHRE LACHMUSKELN ! **Die ausgeflippte Kompanie**

Wa Bo
Mondial-Filmverleih

apollo-film

Sandmännchen was here

»Bauernfängerei« wie diese hat den Sex- und Sittenfilm unter Kennern natürlich nicht wenig in Verruf gebracht. Und so tobt zwischen den einschlägigen Verleihern, die sich inzwischen vom simplen Sexfilm weg auf heiße Hardcore-Ware in Spezialkinos orientiert haben, ein Kampf bis aufs Messer um die verbliebenen Marktanteile.

Auszug aus einem Rundschreiben des Herrn Ulli Rotermund, Beate Uhse Filmverleih, vom 29. Dezember 1982 – an alle Filmverleihkunden:

»Wenn wir auf das alte Jahr zurückblicken, so läßt sich sagen, daß es nicht besonders rosig war. Besucherrückgänge überall ...

Als der Sex-Film neu war und freizügig wurde, kamen die Zuschauer in Scharen. Volle Kassen, lange Laufzeiten, Zufriedenheit bei Produzenten, Verleihern, und Theaterbesitzern.

Als das Geschäft abzuflachen begann, kamen kürzere Laufzeiten, gedrückte Leihmieten, damit weniger Einnahmen für den Produzenten und das Resultat war, daß die Filme schwächer wurden, die Kassen noch schlechter, die Laufzeiten noch kürzer, die Leihmieten noch geringer. Und so ging es weiter wie in einer nicht enden wollenden Spirale und endete damit, daß der Sex-Film schon tot war, bevor es Hardcore im richtigen Kino zu sehen gab.

Er hätte sich allein aus dieser Kettenreaktion heraus selbst umgebracht.

Ähnlich ist es heute beim Hardcore-Film:

Da wir vielleicht in einer Zeit, in der es gar nicht nötig war, zu viele gute Filme gebracht haben (rückschauend betrachtet), ist das Publikum verwöhnt.

Das Problem ist aber, daß ein gleich aufwendiger Film in 1982/83 produziert, 30 bis 50 % mehr kostet als der selbe Film 1978/79. Wir bzw. der Produzent erhalten aber weniger Leihmiete für diesen neuen Film (in erster Linie durch verringerte Laufzeiten) und müssen, um die Besucher noch in die Kinos zu locken, immer aufwendiger und teurer produzieren.

In dem Zusammenhang kann ich Ihnen versichern, daß es den Beate Uhse Filmverleih schon 1982 nicht mehr gegeben hätte, wenn nicht die Blue Movie Kinos treu und brav alle Filme konstant mit langen Laufzeiten spielen würden.

Eine Schließung des Beate Uhse Filmverleihs hätte zur Folge, daß Ihnen im Prinzip nur noch unspielbare Filme zur Verfügung stehen...

Das heißt für Sie, daß Sie keine Filme mehr zum Spielen hätten.

Deshalb meine Bitte an Sie:

Helfen Sie uns, diese für alle Seiten schwierige Zeit zu meistern.

Das geschieht durch

1. So wenig Filme von anderen Verleihern zu spielen wie möglich. (jede Mark Leihmiete, die Sie einem anderen Verleiher überweisen, fehlt uns bei Neuproduktionen)

2. Verlängerung der Spielzeiten unserer Filme.«

Rotermunds Rivalen im Verleihgeschäft, von A.B. – Film bis Nobis-Film, reagierten verständlicherweise verschnupft:

»Jeder Verleih hat teure und weniger kostspielige, oder gar billige Filme in seinem Angebot, der eine mehr, der andere weniger. Das gilt auch für Sie, sehr geehrter Herr Rotermund, nur mit dem kleinen Unterschied, daß Sie Ihre Billigfilme unter der Marke ›Hot Line‹ aus

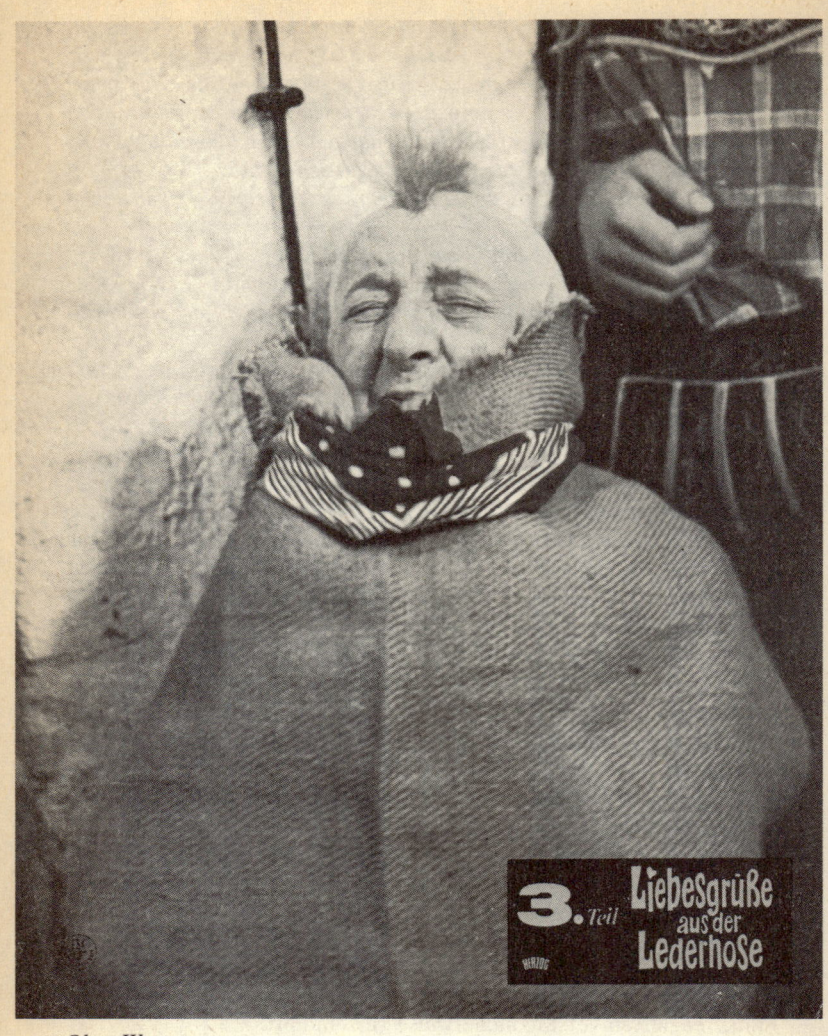

Ohne Worte

dem Hause Uhse auf den Markt bringen, auch hierfür wird so manchem braven Besucher der kombinierte Preis von DM 15,– aus der Tasche gelockt und Enttäuschung hervorgerufen. Niemand braucht sich darüber zu wundern, daß in Zeiten wirtschaftlicher Rezession und überhöhter Preise, das Geschäft nicht mehr so läuft. Jeder macht sich darüber seine Gedanken, aber so wie Sie das Problem angepackt haben, geht es nicht! Es stimmt, daß heute Produktionen aufwendiger Filme 30–50 %, wir behaupten sogar 50–80 %, mehr kosten als 1978/79. Doch fragen wir mal warum? Waren es nicht Sie, sehr geehrter Herr Rotermund, der besonders in den Jahren 79–81 in den USA z. B. als Pornokönig von Old Germany aufgetreten ist und für Filme 100 % mehr geboten hat, als die Produzenten in ihren kühnsten Träumen ursprünglich erreichen wollten? Wer hat in teuren Studios Pornofilme mit Dolbyton versehen lassen? Wir fragen uns, welcher Besucher ist bereit auf die Dauer, für Vogelgezwitscher oder Stöhnen im besonderen Sound Preiszuschläge zu bezahlen? Wenn Sie glauben, spielbare Filme seien nur Dolbyfilme, so irren Sie wieder einmal gewaltig, und wenn Sie wirklich der Meinung sind, falls es keine Filme mehr aus Ihrem Haus gibt, seien die Sex-Kinos tot, erkennt man deutliche Spuren totaler Fehleinschätzung, oder gar des Größenwahns.

Werbung ist gut und tut Not, aber auch hier stimmt bei Ihnen das Verhältnis nicht. Wer mit halbseitigen Anzeigen in mehreren Zeitungen einer Stadt, für einen Durchschnittspornofilm aus den USA, unverhältnismäßig große Werbung macht, führt die Leser irre, die Besucher fühlen sich betrogen, die Quittung kommt. Natürlich leidet auch der Besuch Ihrer Konkurrenz darunter, stört Sie das?

... Ihre Konkurrenten, sehr geehrter Herr Rotermund, haben jahrzehntelange Erfahrung im Filmverleihgeschäft, uns den Verleih im Prinzip unspielbarer Filme vorzuhalten, steht sicherlich einem Gemischtwarenhändler für Sexartikel nicht zu!« (Aus einer Anzeige in »Blickpunkt: Film« Nr. 3/83)

Gell, Herr Rotermund: Wer im Glashaus sitzt, sollte nicht mit schlechten Filmen werfen!

Kein anderes Filmgenre wurde durch die Videorevolution so geschockt wie Sexfilm und Pornokino. Warum sollte auch ein Zuschauer einen Haufen Geld für eine Eintrittskarte bezahlen, sich in einen muffigen Raum zu schwitzenden Männern setzen, wenn er dieselben cineastischen Köstlichkeiten auf dem Sofa mit der Freundin genießen kann?

Im Labyrinth
der Schachtelkinos

Es war einmal.

Es war einmal ein Kinokönig in Deutschland.

Heinz I. nannte er sich.

Dem gehörten viele, viele Ufa- & Olympic-Kinos.

Und in diesen vielen, vielen Kinos spielte er mit Vorliebe viele, viele schlechte Filme. Auf diese Weise wollte er dem Publikum – heimlich, still und leise – den **guten** Film nahebringen.

»Den **guten** Film?«

werden nun manche von euch ungläubig fragen.

Ja und nochmals **ja**, denn wisset:

Ein Publikum, das keine schlechten Filme zu sehen kriegt, weiß die wenigen guten Filme nicht zu schätzen.

Um aber noch mehr schlechte Filme als bisher spielen zu können, solcherart das Publikum endgültig zum guten Geschmack bekehrend, kam der selbstlose Filmmissionar auf die unnachahmliche Idee, seine vielen, vielen großen Kinos in Kino-Zentren zu verwandeln, die unter einem Dach noch mehr kleine und klitzekleine Kinos beherbergen.

Aus eins mach fünf oder sechs oder elf!

Große Kinos mit mehreren hundert Sitzplätzen waren sowieso kaum noch vollzumachen, aber 40 Plätze oder so – das ging allemal! Freilich spielten derart profane, wirtschaftliche Erwägungen für einen Idealisten wie Heinz nur eine Nebenrolle.

Wie viele beschämende Stunden, mit einem herrlich schlechten Film in einem noch mieseren Westentaschenkino, habe ich dank des gütigen Kinokönigs schon verleben dürfen! Und wie sehr wuchs in mir die Sehnsucht nach einem guten Film!! In einem schönen Kino!!! (Dir, Heinz, der du mir die Augen für das Gute geöffnet hast, an dieser Stelle ein aufrichtiges »Vergelt's Gott!«.)

Zum Beispiel an jenem öden Karfreitag, als ich mir in einem der berüchtigten Kino-Schuhkartons von Heinzens »Filmbühne Wien« (nicht in Wien, sondern in Berlin) ein besonders übles Machwerk mit dem Titel DER SCHLITZER antat, in welchem ein Triebtäter, der auf einer Party die Gäste malträtiert, von diesen niedergeschossen und im Swimmingpool ertränkt wird.

Als ob es damit nicht schon genug wäre, flimmerte dieses denkwürdige Werk auch noch über das, was sich Heinz unter einer Leinwand vorstellt. Ein billiges Ding (in manchen Fällen sogar ein Stück weiße Tapete) und unglaublich klein, was aber nur logisch ist, denn wie sollte in solch eine Zwergfilmbühne auch eine große Leinwand reinpassen...

Der Kinokönig ist halt ein großer Denker (und kühler Rechner). Ein anderer (Dümmerer) hätte wahrscheinlich eine zu große Leinwand gekauft, die da gar nicht reingepaßt hätte, aber Heinz hat eben nachgemessen. Wenn auch nicht allzu genau (auf den Meter kommt's ja glücklicherweise nicht an): Aufgrund eines unbedeutenden Rechenfehlers ist die schwarze Bildumrandung der Leinwand, der sogenannte Kasch, der das Bild an den Rändern sauber abgrenzen soll, teilweise bedeutungslos geworden und fällt in neueren Schuhkarton-Kinos sowieso ganz weg. In der Bildmitte gibt es einen Hauch permanenter Unschärfe, was möglicherweise darauf zurückzuführen ist, daß die baulich notwendige Schrägprojektion des Bildwerfers nicht durch eine schräg gesetzte Leinwand ausgeglichen wurde.

Aber nicht nur das Bild befriedigt selbst die schlimmsten Erwartungen – die Bildwand wird überdies von zwei putzigen Lautsprecherboxen flankiert, aus denen höchst mangelhaft etwas scheppert, das entfernte Ähnlichkeit mit Filmton hat. Aber wofür – so denkt Heinz, der geniale Denker – braucht ein mieses Winzkino mit miserablem Bild einen guten Ton? Am Ende noch das teure Dolby oder so was?

Schützenhilfe erhält der Kinokönig in diesem Fall von angesehenen Filmhistorikern, denen der tönende Film ein Greuel ist und die beharrlich den güldenen Tagen des Stummfilms hinterherflennen.

Auch sonst fehlt es an jeglichem Komfort. Alles ist so wunderbar spartanisch. In einem der Mini-Kinos wurde sogar mal der Einbau einer Heizung »vergessen«. Das härtet nicht nur ab, sondern damit wird auch ein sinnvoller Beitrag zum Energiesparen geleistet.

Nicht zuletzt, wer das Abenteuer liebt, geht zu Riech (so heißt der Kinokönig bürgerlich). Denn bei ihm spielen sich Gefahren nicht nur auf der Leinwand ab...

»In den sogenannten Kino-Zentren am Kurfürstendamm gibt es bei einem Brand keinen ausreichenden Schutz für die Besucher«, erklärte die zuständige Bauverwaltung von Berlin-Charlottenburg 1981. Vor allem die Fluchtwege reichten nicht aus. Die Treppen zu den Kinos in den oberen Stockwerken oder im Keller seien zu schmal. Ferner warteten dort bereits Besucher auf die nächste Vorstellung und versperrten den Weg aus den Kino-Zentren für das Publikum, das nach dem Ende eines Films wieder zum Kurfürstendamm dränge. Besonders an den Wochenenden gehe auf den Treppen minutenlang »nichts vor und nichts zurück«.

Die Geschäftsleitung des Riech-Imperiums hielt, verständlicherweise, dagegen, diese Gefahren gebe es bei jeder Versammlungsstätte. Besucher des Berliner Olympiastadions und der Deutschlandhalle seien ebenso gefährdet wie das Publikum in den Kino-Zentren.[1]

Wir leben eben in einer gefährlichen Welt – und da ist jeder seines eigenen Risikos Schmied!

Einen nicht geringen Teil seines Umsatzes verdankt Kinokönig Riech übrigens dem Verkauf von Lakritze, Eis, Bier etc. Um seine Besucher noch mehr mit solchen Köstlichkeiten zu beglücken, erfand er eines Tages einen ganz »besonderen Service«. Er unterbrach – auf vielfachen Wunsch, wie es hieß – den Hauptfilm ohne Vorwarnung genau in der Mitte und – legte eine Erfrischungspause ein, in welcher sich jeder Zuschauer mit weiterem Knabberzeug versorgen durfte. Freilich mußte er auf nicht minder vielfachen Wunsch diese Pause wieder abschaffen.

[1] Vgl. »Tagesspiegel« vom 30. August 1981

Der deutsche Film kann gar nicht schlechter sein

Grauen rauschte durch die deutsche Filmlandschaft. Ein Minister, ein Rechter, wie er im Buche steht: **Friedrich Zimmermann**, hatte den Jungfilmern und ihrer Kunst den Kampf angesagt.

Weil er angeblich religiöse und sittliche Gefühle verletze, verweigerte »Old Schwurhand« dem Achternbusch-Film DAS GESPENST die letzte, sauer verdiente Rate einer Bundesfilmpreis-Prämie, genau 75 000 Mark:

> »Ich lasse nicht zu, daß mit Steuergeldern gefördert wird, daß einem Christus am Kreuz eine Schweinszunge aus dem Munde hängt, daß Kröten gekreuzigt werden und daß besoffene Polizisten ihre Notdurft in ein Schnapsglas verrichten, während ununterbrochen auf der Polizeiwache das Telephon läutet, aber niemand hingeht, um die Assoziation zu erwecken, bei der Polizei brauchst du nicht anzurufen: Die sind besoffen, die haben für dich keine Zeit.« (Wo wir doch alle wissen, daß die Polizei sehr wohl Zeit für uns hat: für dich und dich und mich!)

Angesichts dieses unverschämten Angriffs keimte in den Hirnen Neuer Deutscher Filmer erstmals so etwas wie **Solidarität.**

Schließlich hatte der Innenminister ja auch unmißverständlich neue Filmförderungsrichtlinien in Aussicht gestellt: Keinem Arbeitslosen sei plausibel zu machen, daß »intellektualistische Spielereien« auch noch aus Steuergeldern subventioniert würden!

Christel Buschmann, bereits zweimal an der Kinokasse gescheiterte Möchtegern-Filmerin, neigt da zu einer radikalen Antwort, will »eine immer aggressiver in Erscheinung tretende Wende dazu benutzen, Fronten zu klären und ungeahnte Solidarität gegen unsere Gegner zu mobilisieren. Uns trifft die Wende ja nicht wie der Blitz aus heiterem Himmel. Wir sind auf Kampf trainiert, 20 Jahre deutscher Film heißt 20 Jahre Kampf um Ideen und Geld (wenn schon keine Ideen, dann wenigstens Geld – RG). Wir werden diesen Dauerkampf in Zukunft sichtbarer machen, je mehr Öffentlichkeit, desto mehr Mutige werden sich zusammenfinden, umso eher eine Chance, daß wir und der Nachwuchs die nächsten 20 Jahre überleben. Falls es Deutschland im Jahre 2003 überhaupt noch gibt.«

Christel im Kampf treu zur Seite steht ihr Lebensgefährte Reinhard Hauff: »Mit diesem klaren Feindbild (Zimmermann) vor Augen werden wir unsere gemeinsamen Interessen wieder deutlich erkennen und uns zusammentun. Daß man uns Geld streicht, damit haben wir umzugehen wie viele andere Gruppen der Bevölkerung auch, daß man uns unsere Freiheit nimmt, das werden wir nicht hinnehmen, da sind wir empfindlich. Wir haben begriffen, daß sie wirtschaftlich sagen und politische Zensur meinen.«

Als hätte der Neue Deusche Film noch ein politisches Selbstverständnis, das von den verängstigten Rechten zensiert werden müßte! Daß ich nicht lache!! Tatsächlich verhält es sich umgekehrt: Wenn Hauff und die »Christel vom Film« politisch sagen, meinen sie in Wirklichkeit die Gremiengelder, ohne die sie nicht wären!!!

Die paar Big Names, die von der deutschen Filmförderung in den letzten Jahren hochgepäppelt wurden, haben sich – Solidarität hin, Solidarität her – ohnehin längst ins Ausland verdrückt, in der düsteren Vorahnung, daß die heimischen Kühe gemolken sind.

Wim Wenders hat, Francis Ford Coppola zum Trotz, einen Hollywood-Komplex. Werner Herzog ein Superprojekt mit dem superben Dino DeLaurentiis in petto: AZTEK – selbstredend an Originalschauplätzen in Mexiko. Volker Schlöndorff antichambriert bei französischen Geldgebern. Während Schlöndorff-Konkurrent Hans W. Geissendörfer, nachdem er sich mit dem omnipotenten Münchner Filmmogul Leo Kirch überworfen hat, sozusagen auf Herzogs Spuren in Mexiko was machen möchte.

Was uns bleibt, sind Pflaumen und Flaschen, deren etliche Rainer Werner Fassbinder, jenen verblichenen Siegfried des Neuen Deutschen Films, mit dem eine ganze Ära zu Ende ging, zu Grabe trugen und dabei in erschütternder Weise demonstrierten, wie sehr es dem deutschen Film an echten Talenten mangelt. Denn allzugern, damit ihm bloß kein Rivale erwächst, hatte sich der teure Verstorbene mit billigem Mittelmaß umgeben – dilettierenden Zauberlehrlingen, die nicht davor zurückschreckten, aus dem Tod des Meisters Kapital zu schlagen und seine Grabesruhe durch Veröffentlichung peinlicher Intimreports und entsprechender Bücher zu stören. Harry Baer beispielsweise »mußte das schreiben. Schon aus dem einzigen Grunde, um überleben zu können. Und natürlich kriegt man da Geld dafür,

Und dann gehst du zu Zimmermann und haust ihm eine rein

und das ist auch nichts Schlechtes. Wenn ich so berühmt gewesen wäre wie der Fassbinder, dann hätt' ich sicher auch eins geschrieben über mich, ohne mit der Wimper zu zucken . . .«

Leider, oder besser: glücklicherweise, ist der Baer nicht so berühmt wie der große Guru. Was auch auf Kurt Raab zutrifft, der in Zusammenarbeit mit Karsten Peters ein weiteres Fassbinder-Buch auf den Markt geworfen hat: »Wenn die Leute mein Buch kaufen, wenn hunderttausend verkauft werden würden von diesem Buch hier, dann könnte man sagen, hätte man vielleicht noch für die nächsten zwei, drei Monate ein Auskommen. Aber sonst nicht.«[1]

---

[1] Im Gespräch mit dem Fernsehjournalisten Peter Hajek

Wie man es besser nicht machen sollte im Movie Business, haben Raab und Peer Raben in ihrer säuisch schlechten Komödie HEUTE SPIELEN WIR DEN BOSS – WO GEHT'S DENN HIER ZUM FILM aufgezeigt, welche die ganze Ahnungslosigkeit der Fassbinder-Truppe, was Filme und Filmemachen angeht, offenbart. Da fragt zum Beispiel Dolly Dollar als Rita Pralini, ob man, wenn es einen zum Film zieht, denn nicht auch was können muß. »Muß man nicht«, entgegnet Raab. »Einen Mut muß man haben.« Das Werk schließt übrigens mit der fundamentalen Feststellung, der Film sei ein Sündenbabylon.

Den filmkünstlerischen Scherbenhaufen vor Augen, kamen selbst dem genialen Vordenker von Oberhausen ernste Zweifel an der Effizienz des Neuen Deutschen Films: Tiefe Sorgenfalten zerfurchten das Gesicht von Dr. Alexander Kluge, wenn er sich bei Gremiensitzungen zu Wort meldete. »Liebe Freunde«, hub er dann mit pastoraler Stimme an, »wir müssen endlich mehr für die Publikumswirksamkeit unserer Filme tun.« Sonst, räsonierte er, blieben die Zuschauer eines Tages ganz weg, die Fördergelder würden gestrichen und – aus wäre es mit der deutschen Filmkultur!

Kluge und sein Kompagnon Klaus Eder im Vorwort einer 592 Seiten starken »Bestandsaufnahme: Utopie Film«:

»Der neue deutsche Film – mit seiner zwanzigjährigen Erfahrung fast ausschließlich auf Kämpfe innerhalb der Filmwirtschaft eingeschossen – erscheint in der gegebenen, bedrohlichen Situation eigentümlich unbewaffnet. Er ist in Subventionen eingekästelt, müßte doch aber zu den Zuschauern durchbrechen.« Jawohl, Herr Doktor, wir brechen durch! »Er muß Vertrauen schaffen, und zwar in dem gewaltigen Maßstab, in dem die neuen Medien eine Bedrohung der gesamten Öffentlichkeit herstellen.« Zumal diese neuen Medien, Video vor allen Dingen, nicht viel im Sinn haben mit unseren Jungfilmern. Werner Bleck, der im Ruhrgebiet eine Kette von Videoläden betreibt: »Bei der letzten Verkaufsmesse in Düsseldorf war der Stand mit den deutschen Filmen mächtig teuer aufgemotzt. Aber die Filme, die ich dort eingekauft hatte, sind inzwischen fast alle in den Keller gewandert. Die nehmen in meinen Regalen nur Platz für andere weg.«

Die bundesweiten Besucherzahlen Neuer Deutscher Filme sind schlichtweg katastrophal. Nachfolgend einige Beispiele:

PALERMO ODER WOLFSBURG von Werner Schroeter	40 610 Besucher
NACH MITTERNACHT von Wolf Gremm	38 000 Besucher
DIE BERÜHRTE von Helma Sanders-Brahms	27 503 Besucher
KALTGESTELLT von Bernhard Sinkel	24 639 Besucher
ROTE LIEBE von Rosa von Praunheim	16 335 Besucher
JETZT UND ALLES von Dieter Meier	15 646 Besucher
COMEBACK von Christel Buschmann	15 419 Besucher
DER MÖRDER von Ottokar Runze	8 211 Besucher
DABBEL TRABBEL von Dorothea Neukirchen	6 132 Besucher
TOTAL VEREIST von Hans Noever	2 978 Besucher
AUFWIND von Rudolf Steiner	ca. 2 500 Besucher
WAHNSINN, DAS GANZE LEBEN IST WAHNSINN von Petra Haffter	1 937 Besucher
DAS HAUS IM PARK von Aribert Weis	1 195 Besucher
HENRY ANGST von Ingo Kratisch	971 Besucher
LOGIK DES GEFÜHLS von Ingo Kratisch	423 Besucher

Finanziert wurden vorstehende Filme zu nicht geringen Teilen aus Mitteln der Berliner Filmförderung, die sich gewisse Kräfte in geradezu skandalöser Weise zunutze machten: Von 45 Filmen, die 1978 und 1979 im Rahmen der Berliner Wirtschaftsförderung mitfinanziert wurden, spielten 34 zwischen null und zehn Prozent ihrer Herstellungskosten auf dem Kinomarkt ein.[1]

Eine traurige Bilanz nicht zuletzt für Kluge und seine Mit-Oberhausener, die vor zwanzig Jahren den Tod von »Opas Kino« diagnostizierten und in naiver Euphorie etwas gänzlich Neues an seine Stelle setzen wollten.

»Der Zusammenbruch des konventionellen deutschen Films entzieht einer von uns abgelehnten Geisteshaltung endlich den wirtschaftlichen Boden. Dadurch hat der neue Film die Chance, lebendig zu werden«, steht im Oberhausener Manifest geschrieben. Und: »Der alte Film ist tot. Wir glauben an den neuen.«

Doch selbst in der »ausgedörrten Wüste« (Joe Hembus) von 1962 hatte der »konventionelle« deutsche Film mit Einnahmen von 77,8 Millionen Mark noch einen Verleih-Anteil von 28,5 Prozent. Gegenüber 36,5 Prozent Verleih-Anteil der Amerikaner. 1982 verzeichnete der »unkonventionelle« deutsche Film, bei einem Umsatz von 33,9 Millionen Mark, jämmerliche 11,3 Prozent. Gegenüber 55,4 Prozent der Amerikaner. Zieht man die deutsch-ausländischen Coproduktionen ab, brachte es der Neue Deutsche Film 1983 gar nur noch auf einen geschätzten Marktanteil von 5–6 Prozent.

Wenn der deutsche Film also bei 28,5 Prozent totgesagt wurde, was gilt dann für den Status quo von 5–6 Prozent? Tot? Toter?? Am totesten???

Hoffnungslos ist die Lage.

Aber ist sie auch ernst?

Erfreulicherweise weiß der kluge Doktor Kluge wieder einmal Rat: *»Niemand kann das Publikum erschöpfend kennen. Es ist das Geheimnis des Begriffs der Öffentlichkeit (der Publizität), daß sie nach außen und innen offen ist. Öffentlich heißt: Zugang für eine unbestimmbare Zahl von Menschen ist gewährleistet. Ich kann mir gar nicht genug Ausnahmen vorstellen, die auf diese Weise in die*

[1] Vgl. Film in Berlin. 5 Jahre Berliner Filmförderung. Berlin 1983

*Öffentlichkeit mithineingeraten. Ich kann auch nicht ausschließen-
,daß für das Speziellste, das sich einer ausdenkt, nicht doch ein
Interesse im Publikum wartet. Auf die ganze Welt hochgerechnet,
wären solche speziell Interessierten vermutlich sogar eine kräftige
Zahl.«*[1]

Ganz sachte schneidet Kluge hier ein Thema an, mit dem sich
Jungfilmer aller Couleur brüsten – so auch Robert van Ackeren: **»Der
Neue Deutsche Film hat Geltung in aller Welt.«** Punktum!

Bei der Suche nach der sogenannten Weltgeltung half mir der
wertvolle Tip einer Mitarbeiterin der Export-Union des Deutschen
Films e. V., welche selbst zwar nichts von genauen Exportziffern
deutscher Filme, dafür aber die Anschrift einer Behörde wußte, wo
man erstaunlicherweise solche Daten zu sammeln bemüht ist. Die
Rede ist vom filmischen Sonderkommando im Bundesamt für gewerbliche Wirtschaft, 6236 Eschborn/Taunus 1.

»Selbst im eigenen Haus gilt das Referat ›V 6 (Messen, Film)‹
allgemein als ›exotisch‹. Das ›Exotische‹ muß wohl vom Medium Film
ausgehen«, heißt es in einem Papier. Und weiter: »Im Vergleich zu
anderen westlichen Industrie-Ländern ist die deutsche Filmindustrie
angesichts der sonstigen wirtschaftlichen Leistungsfähigkeit der Bundesrepublik eher schwach entwickelt. Sieht man von einigen erfolgreichen Streifen aus der jüngsten Vergangenheit ab, waren insbesondere
auch international konkurrenzfähige Nachkriegsfilmproduktionen
eher die Ausnahme.« Aha!

Bei genauer Durchsicht der mir übersandten Daten ergaben sich
dann infernalische Erkenntnisse. Die angebliche Weltgeltung – ein
Potemkindorf, wie kühle Rechner aus der folgenden Tabelle ersehen
können:

[1] Kluge (Hg.): Bestandsaufnahme: Utopie Film, S. 94 f.

Exportware Deutscher Film Anno Domini 1982

Lizenz-nehmer-land	Verträge	davon: Kino	TV	Kino + TV	Kino, TV + Audiov.	Zu Festpreisen	Mit Garantie	Pro-zen-tual
Albanien	1	1				1 zu 1 264 DM		
Frankreich	52	19	14	4	15	39 zu 901 941 DM	11 zu 753 240 DM	2
Griechenland	92	14	76	2		85 zu 95 366 DM	7 zu 57 604 DM	
Italien	168	26	133	7	2	153 zu 744 534 DM	13 zu 454 000 DM	2
Japan	2	2				1 zu 10 000 DM	1 zu 10 000 DM	
Surinam	1	1				1 zu 5 057 DM		
Schweiz	120	39	53	26	2	100 zu 1 097 175 DM	17 zu 481 717 DM	3
Südjemen	1	1				1 zu 3 000 DM		
UdSSR	3	2	1			3 zu 633 606 DM		
USA	24	8	3	4	9	5 zu 27 645 DM	14 zu 719 742 DM	5
					usw.			
Weltweit	1022	395	461	68	98	801 zu 7 250 344 DM	183 zu 4 592 964 DM	38

Quelle: Bundesamt für gewerbliche Wirtschaft, Referat »V 6 (Messen, Film)«

Für 1982 ergibt sich somit ein Exporterlös von bescheidenen *11 843 309 Mark*.

Ein Fünftel der Herstellungssumme der UNENDLICHEN GESCHICHTE. Gewiß, Puritaner werden einwenden, daß es sich hierbei um einen Mindesterlös handelt, denn die aus Garantien erzielten Gewinne können letztendlich höher liegen, und ein kleinerer Stapel Filme wird ja noch prozentual abgerechnet. Doch erheblich wird der Unterschied schon nicht sein, da die deutsche Filmwirtschaft kaum in der Lage ist, Einspielergebnisse ihrer Filme im Ausland auf Heller und Pfennig zu überprüfen und aus diesem Grunde bei der Abrechnung, besonders von den Amerikanern, leicht übers Ohr gehauen werden kann.

Apropos Amerika: Dort interessieren sich die Leute nun wirklich nicht für Autorenfilme – »schon gar nicht für untertitelte Autorenfilme, weil die Leute nicht lesen. Das einzige Sprungbrett, das wir haben, ist New York: Auch dort kommen unsere Filme meist nicht mal über die zweite Woche, und wenn das in New York nicht klappt, wo die Leute sehr geballt wohnen und auch sehr kinointeressiert sind, kommt der Film nicht mal bis Boston. Und dann landet diese Art von Filmen meist in 16 mm-Verleihen, die dann an Universitäten gehen.«

Soweit der Filmexporteur Klaus Brücher-Herpel, der, ganz nebenbei, das ungeheure Kunststück fertigbrachte, Ulrike Ottingers BILDNIS EINER TRINKERIN für zweitausenddreihundert Mark nach Amerika zu verscherbeln. Immerhin!

Die Weltgeltung – eine Seifenblase, zerplatzend! Trotzdem: »Der deutsche Film hat, zumindest prestigemäßig, heute wieder Weltgeltung«, schwindelt auch Helma Sanders-Brahms, der aber wenigstens die kleine Einschränkung »prestigemäßig« unterläuft und ein kritisches Postskript: »1967 noch, als ich bei Corbucci und Pasolini in Italien in die Lehre ging und von der Hoffnung auf einen neuen deutschen Film sprach, schüttelten die nur die Köpfe. ›Il cinema tedesco? Straub, Kluge – si – ma in generale é nullo, nullo!‹ Null, das waren die Filme wirklich, und sie verachteten das Publikum so knüppeldick, daß vor allem *sie* es dauerhaft aus den Kinos verjagt haben.« In diesem Zusammenhang: War es nicht Jean-Marie Straub, der freudigen Herzens verkündete, wenn ein Film von ihm mehr als hundert Besucher erreiche, hätte er was falsch gemacht?

Herzliche Einladung!

Sühne-fußwallfahrt

(mit Fatima-Statue, getragen von Männern)

Zu dieser Wallfahrt (Lichterprozession) am **Montag, 11. Juli 1983,** abends 19.15 Uhr, von der Herz-Jesu-Kirche Fellheim zum wundertätigen Kreuz in der Kreuzkapelle Pleß (Iller), ca. ½ Stunde Gehdauer eine Strecke, sind alle Gläubigen aus nah und fern herzlichst willkommen. Nach Ankunft ist hl. Messe.

Es predigt ein Missionar aus Korea. Die Wallfahrt soll die Beleidigungen Gottes und der Muttergottes, vor allem durch den gotteslästerlichen Film „Das Gespenst" sühnen helfen.

Es ist schon ein Kreuz mit der Wirtschaftlichkeit des Neuen Deutschen Films. Doch halt! Wissen wir wirklich, wovon wir reden, wenn wir den Begriff der Wirtschaftlichkeit im Munde führen? Hören wir, was Doktor Kluge dazu zu sagen hat:

>*An diesem Kriterium der Wirtschaftlichkeit lassen sich eine Reihe kurzfristiger und äußerst langfristiger Verläufe messen. Kurzfristig ist z. B. die Messung des Kasseneinspiels eines einzelnen Films möglich. Da eine Phantasie-Ware wie der Film nicht als Einzelstück mit dem Zuschauer verbindbar ist, sondern einen wirtschaftlichen Erfolg nur auf Grund einer bereits vorbereiteten Zuschauererwartung haben kann, schließt das kurzfristige Kriterium:* **Kasseneinspiel des Einzelstücks***, die Innovation oder Entwicklung im Film aus. Dies wäre ein Verstoß gegen das Prinzip der Wirtschaftlichkeit.*[1]

Womit uns Großmeister Kluge wieder mal die Augen geöffnet hätte: Das absurde Schielen auf die Kinokasse ist im Grunde **unwirtschaftlich**, weil der hehren Kunst abträglich.

Ohnehin plätschern die Vergabekriterien im Bereich Filmförderung ja reichlich wäßrig irgendwo zwischen »Wirtschaftlichkeit« und »Qualität«, unentschieden zwischen Kunst und Kommerz, was selbst

---

[1] Kluge (Hg.): Bestandsaufnahme: Utopie Film, S. 77

bei Christel Buschmann Schwindelgefühle auslöst: »Die Leute interpretieren das so, daß diese beiden Teile irgendwie zusammengehören. Also ist es nicht denkbar, daß ein sehr guter Film entsteht, der nicht wirtschaftlich ist, und es ist auch nicht denkbar, daß ein sehr wirtschaftlicher Film entsteht. Und so versandet alles in der Mitte, und da produziert man **Lustlosigkeit**.«

Ein patentes Rezept zwecks erkennungsdienstlicher Behandlung dieser Lustlosigkeit im Neuen Deutschen Film hat der Dortmunder Filmemacher Adolf Winkelmann entwickelt: »Man sollte einmal beliebig unterschiedliche Akte aus beliebigen Filmen einem Publikum vorführen. Wetten, es merkt nicht, daß es sich um verschiedene Titel handelt?«

Ein ungenannter Filmpressemann hat derweil die Herkunft der Lustlosigkeit im lustlosen Erfahrungs-»Schatz« der Jungfilmer geortet: »Wenn diese Leute schon nichts erlebt haben im Leben: Warum müssen sie dieses Leben auch noch verfilmen?«

Einer, der unseren angehenden Filmern die Lust austrieb mit einer Vehemenz, als gelte es, einen unreinen Geist oder gar den Teufel zu bannen, war der Ober-Lustfeind Alexander Kluge. Ula Stöckl, Absolventin seines »Instituts für Filmgestaltung Ulm«, auch bekannt als Akademie für klaustrophobischen Masochismus, erinnert sich mit einem gewissen Grausen an die freudlose Studienzeit unter dem allwissenden Lehrherrn: »Uns ist doch in diesen fünf Jahren Studium ganz systematisch abgewöhnt worden, an Ferien zu denken. Kluge zum Beispiel hat nichts nervöser gemacht, als wenn er uns dabei überraschte, daß wir in der Arbeitszeit irgendwo saßen und Kaffee tranken.«

Lust haben die meisten Jungfilmer nur noch auf eins: auf Subventionen – denn ohne die könnten sie nicht weiter der unheilvollen Lustlosigkeit frönen. Und sich auch manch eine Annehmlichkeit nicht leisten. Die schmucke Yacht am Starnberger See, die in den Abrechnungen einer Filmproduktion plötzlich unter der Rubrik »Handlungsunkosten« auftaucht, ebensowenig wie die tadellose Renovierung des trauten Heims, welches ein wohlbekannter Filmemacher zum Drehort erkoren hat.

Doch verstehe man mich nicht miß: Einem Zimmermann will ich nicht das Wort reden. Das bißchen Kommerzialität, das diesem Herrn vorschwebt, funktioniert nämlich nicht:

CHECKPOINT CHARLY
(Verleihtitel auch: Warum die Ufos unseren Salat klauen) mit Curd Jürgens, Hildegard Knef und Kurt Raab, nach 3 Tagen oder so aus dem Verkehr gezogen.

KENN ICH . . . WEISS ICH . . . WAR ICH SCHON . . .
(Arbeitstitel: Karriere) von und mit Monica Teuber   2972 Besucher

DER GRÜNE VOGEL
von István Szabó, mit Hannelore Elsner   2659 Besucher

DEADLY GAME
mit Barbara Sukowa, Helmut Berger und Mel Ferrer   2477 Besucher

PRIMEL MACHT IHR HAUS VERRÜCKT
von Monica Teuber, mit Sharon Brauner und Brigitte Mira
                                                    698 Besucher

KNALLHARTE PROFIS
(auch: Der Mann, der Venedig hieß / Ein Killer sucht seinen Mörder)
mit Jutta Speidel   689 Besucher

RANDALE
von Zimmermann-Freund Manfred Purzer, mit Angelica Domröse, nach wenigen Tagen spurlos verschwunden.

Da hat selbst noch das Sendeschlußzeichen im Fernsehen mehr Zuschauer: Nach einer Erhebung des ZDF wird es von rund einer halben Million Menschen gesehen.

Überhaupt ist der deutsche Film, per se, ein höchst unwirtschaftliches Gebilde.

In der Broschüre »Film in Berlin« spinnt Hubert Ortkemper das folgende, unter die Haut gehende, Beispiel:

»Ein Film hat im Inland mehr als 500000 Zuschauer in die Kinos gelockt. Nur wenige Filme erreichen diese Zahl, ausländische eingeschlossen. Die Kinobesitzer sind mit dem Geschäft zufrieden. Der Film hat ihnen, zumindest an den Wochenenden, einige ausverkaufte

*Vorstellungen gebracht. An den Kinokassen wurden mehr als 3,5
Millionen eingenommen, 2 Millionen davon können die Kinos
behalten.*
*Auch der Verleih kann sich nicht beklagen. Er hat 450 000 DM für
Kopien und Werbung riskiert. Aber der Film hatte Erfolg, dieses
Geld muß ihm der Produzent aus seinem Anteil zurückzahlen.
Zusätzlich hat der Verleih Einnahmen von 400 000 DM. Nur der
Produzent weiß nicht recht, ob er sich über seinen Erfolg freuen soll.
Von den 3,5 Millionen sind bei ihm ganze 350 000 DM angekommen.
Der Film hat aber 2 Millionen gekostet.«*

Fürwahr, die Situation der deutschen Film-»Industrie« ist ausweglos,
künstlich am Leben gehalten nur durch Förderungsspritzen des Bun-
des und der Länder sowie Fernsehbeteiligung.
Der Alte Deutsche Film – am Ende:

Die kalte Dusche

Früher hatten wir Wasser
warm und heiß
Heute fließt es »kalt«
... so ein Scheiß!
Früher war es heiß
wie in der Sauna
Kaltwasser! Das ist die
Rache von dem Brauner!
Weil keiner mehr
ins Kino geht
Hat Atze uns
das warme Wasser abgedreht.

(Spruchweisheit an der Bürotür des Alt-Produzenten Artur Brauner)

Der Neue Deutsche Film – am Ende:

Im Mai da war der Film in Planung
doch hatt' ich leider keine Ahnung
– jetzt sitz ich hier –
und drehe Film auf Klopapier.

*(Spruchweisheit auf dem Klo der Deutschen Film- und Fernsehakade-
mie Berlin)*

Nur Doktor Kluge meint: Gut' Ding braucht Weile:

>>*Die Wirklichkeit der Utopie Film setzt spezifische und systematische Randbedingungen voraus, die denen der Entstehung von Leben überhaupt ähnlich sind. Naturwüchsig gibt es kein Prinzip, das besagt, daß ein Überleben des Passendsten oder ein Übergang zu höheren Ordnungen und Organisationen stattfindet. Vielmehr wird nach dem zweiten Hauptsatz der Thermodynamik alles den wahrscheinlichsten Zustand eines* **starren Gleichgewichts** *annehmen. Also wird alles Komplizierte in einfache Moleküle zerfallen, alles Organische wieder anorganisch. Es sind* **Zeitbedingungen** *notwendig, damit sich etwas kooperativ, selbstregulierend, mit anderen Worten* **lebendig** *verhält.*<<[1]

Fördern wir also zu Tode! Fördern wir, im Glauben an Kluges Geschwätz, bis zum Nimmerleinstag!! Auf daß sich bloß kein deutscher Filmemacher mehr dem Publikum stellen muß!!!

[1] Kluge (Hg.): Bestandsaufnahme: Utopie Film, S. 130

Was Sie schon immer über Tomaten wissen wollten*

*aber bisher nicht zu fragen wagten

Aus einer ganz alltäglichen Spüle dringt beunruhigendes Gurgeln. Als die ahnungslose Hausfrau der rätselhaften Sache auf den Grund gehen will, wird sie von einer tollwütigen Tomate angesprungen und fällt tot um.

Ein Mann greift zum morgendlichen Glas Tomatensaft und stirbt unter Qualen, während seine Frau ungerührt die Zeitung nach verlockenden Sonderangeboten durchstöbert.

Er hat begonnen –

DER ANGRIFF DER KILLERTOMATEN!

So der Titel einer vielzitierten amerikanischen No-Budget-Produktion aus dem Jahr 1978, von Kennern gern zur Spitzengruppe des schlechten Films gerechnet.

Völlig teilnahmslos, als säße es vor der Glotze, verfolgt ein älteres Ehepaar, wie einem Nachbarskind Schlimmes widerfährt.

Jess: »Sieh dir diese riesige Tomate an, Martha.«
Martha: »Hab' gar nicht gewußt, Jess, daß man die so groß
               gezüchtet hat.«
Jess: »Möchte mal wissen, wo die hin will. Hat sich den
               kleinen Timmy geschnappt.«
Martha: »Armer Timmy.«
Jess: »Sie frißt ihn vollkommen auf.«
               (Deutlich vernehmbares Rülpsen!)

Die Spur der wildgewordenen Tomaten führt zu einer staatlichen Gemüsefarm:

Sperrbezirk! Biologische Experimente!

Wie immer völlig ungefährlich, denn die Regierung hat alles unter Kontrolle, mit Ausnahme der Tomatenhorden natürlich, auf die ratlose Polizeitruppen vergeblich feuern. Ja, Kamikazetomaten bringen sogar einen Polizeihubschrauber zum Absturz (im Drehbuch übrigens nicht vorgesehen, vielmehr handelte es sich um einen echten Unfall während der Dreharbeiten, der so spektakulär war, daß ihn der Regisseur einfach in den Film einarbeitete).

Nur weil der Präsident größere, patriotische Tomaten züchten wollte zwecks Bekämpfung der internationalen Subversion!

Jim Richardson, der Pressesprecher des Präsidenten, versucht das akute Problem vor der versammelten Journaille totzuschweigen, was jedoch der jugendliche Redakteur einer Schülerzeitung vereitelt.

Ausschnitt einer Pressekonferenz

Richardson: »...ich kann sagen, daß die gegenwärtige Verwaltung unter keinen Umständen und zu keiner Zeit irgendwelche öffentlichen Gelder zum Kauf des weichen, blumenbedruckten Toilettenpapiers benutzt hat.
Nun, falls keine weiteren Fragen vorliegen...«

Reporter: »Danke, Herr Pressesekretär.«

Junge: »Mr. Secretary, Mr. Secretary.«

Richardson: »Einen Augenblick, meine Herren. Noch eine weitere Frage. Der kleine Bursche dahinten.«

Junge: »Bobby Drake, Sir. Grundschule 149. Ich möchte etwas fragen.«

Richardson: »Selbstverständlich.«

Junge: »Wir haben überhaupt nichts über die wachsende Tomatenbedrohung erfahren.«

Richardson: »Ich – äh! – würde es nicht gerade eine ›Bedrohung‹ nennen, junger Mann. Es hat – äh! – Berichte von angeblichen Zwischenfällen gegeben. Aber ich versichere Ihnen, daß dies keine Bedrohung ist und niemals eine werden wird. Jedoch hat der Präsident unsere anerkanntesten Kongreßführer aufgefordert, eine gründliche, intensive, gewissenhafte und erschöpfende Untersuchung über die Hintergründe zu beginnen. Du kannst deinen jungen Lesern versichern, daß dieses kein Problem ist, vor dem sich Amerikaner fürchten.«

Tatsächlich arbeitet der Kongreß mit äußerster Gewissenhaftigkeit: »Erinnert sich jemand, was wir eigentlich untersuchen sollen?«

Derweil spitzt sich draußen im Lande die Tomatenkrise zu. Unaufhaltsam rollt die rote Gefahr durch Städte und Straßen. In Newark, New Jersey, wird ein Mann von einem mit Tomaten belegten Schinkensandwich gefressen; in den Supermärkten morden Sonderangebotstomaten Kunden und Verkäufer.

Der Präsident – als Analphabet den größten Teil des Tages damit beschäftigt, seine Unterschrift zu üben – erörtert mit Richardson die Lage, die zwar hoffnungslos, aber nicht ernst ist.

Präsident: »Jim, ein ungewöhnliches Problem erfordert eine geniale Lösung. Ich glaube, ich hab' eine. Jim, haben Sie schon von **Mindmaker** gehört?«

Richardson: »Gewiß doch, Sir. Die Werbeagentur, die Sie für Ihren Wahlkampf benutzen.«

Präsident: »Richtig. Sie wissen, es hieß, daß ich nicht wiederge- wählt werden würde. Besonders, nachdem bekannt wur- de, daß ich die Freiheitsstatue für diese arabische Anlei- he verscherbelt habe.«

Richardson: »Ja, Sir.«

Präsident: »Ich sitze aber immer noch hier, und das verdanke ich **Mindmaker**.
Übrigens, Jim, Sie waren doch im letzten Sommer im Nahen Osten. Sagen Sie, wie sieht unser altes Freiheits- mädchen im Toten Meer aus?«

Richardson: »Großartig, Sir.«

Präsident: »Ich versichere Ihnen, wenn diese Leute *mich* durchbrin- gen konnten, dann können sie alles.«

Richardson: »Ja, Sir.«

Unterwassertomaten machen den weißen Hai arbeitslos – Blubb, blubb

Präsident:	»Ich möchte, daß Sie nach New York fliegen. Nehmen Sie Air Force One.«
Richardson:	»Sir, Air Force One ist – kaputt.«
Präsident:	»Kaputt?«
Richardson:	»Ja, Sir.«
Präsident:	»Das ganze Flugzeug im Arsch?«
Richardson:	»Gewissermaßen, Sir. Erinnern Sie sich, wo das Washington-Denkmal einst – – –«
Präsident:	»Verschonen Sie mich! Nehmen Sie Air Force Two.«
Richardson:	»Kann ich nicht, Sir. Die ist noch in Teheran.«
Präsident:	»Hat der Alte sie denn noch nicht zurückgeschickt? Nun, dann benutzen Sie eben ein Verkehrsflugzeug.«

In New York sucht Richardson unverzüglich Ted Swann von **Mindmaker** auf. Der weiß schon Bescheid:

»He, der Präsident sagte mir, du hast ein Problem, Kumpel! Nun, ich kann dir versprechen, daß ihr Jungs hier an der richtigen Adresse seid. Dann will ich dir jetzt mal zeigen, wie **Mindmaker** vorgeht.

Zuerst einmal müssen wir die kleine Hausfrau draußen davon überzeugen, daß die Tomate, die den Liebling der Familie fraß, nicht gefährlich ist. Kein Problem. Dann müssen wir die örtlichen Behörden davon überzeugen, daß die Tausende, die vermißt werden, nur auf ihrer zweihundertjährigen Pilgerfahrt nach Philadelphia steckengeblieben sind. Kein Problem.

Drittens, der Präsident wünscht, daß geheimgehalten wird und keiner – nicht einer! – merkt, was passiert ist. Kein Problem.

Aber dann will er noch, daß wir 200 Millionen Amerikaner davon überzeugen, daß diese Katastrophe eigentlich ein Segen ist. Nun, das ist eine **Herausforderung**!«

Diese Herausforderung beantwortet Swann mit vier geradezu süperben PR-Kampagnen – **Mindmaker in Höchstform.**

Kampagne 1
**Tomaten statt Kernkraft,
denn Tomaten brauchen keine Entsorgung
und können nicht explodieren**
(Eine Kampagne für Ängstliche)

Kampagne 2
Riesentomaten bedeuten größere Pizzas
(Eine Kampagne für Feinschmecker)

Kampagne 3

**Im letzten Jahr wurden mehr Menschen
durch Autounfälle, Herzanfälle, Lungenkrebs und
Altersschwäche getötet
als durch eine einzige Tomate**

(Eine Kampagne zur Relativierung der Gefahr)

Kampagne 4

**Wenn es dir schlechtgeht und du traurig bist,
sind Tomaten eine endgültige Lösung – für alles**

(Eine Kampagne für Lebensmüde)

Währenddessen greifen Killertomaten Los Angeles an. Aaaargh!

Boston. Aaaargh!

Seattle. Aaaargh!

Chicago. Aaaargh!

Allein die bloße Erwähnung des Wortes **Tomate** genügt, um Massenpanik zu erzeugen.

Die nationale Ketchup-Industrie beklagt empfindliche Umsatzeinbußen, und der Gemüsezüchterverband demonstriert in Washington gegen Rufschädigung.

Die letzte Hoffnung des Präsidenten ist – **Mason Dixon**, der Verlierer der Schweinebucht.

Dixon zur Seite steht ein Team der erstbesten Agenten: **Gretta Attenbaum**, Schwimmexpertin, bei der letzten Olympiade übergelaufen –

Greg Colburn, dank seines Taucheranzuges schon von weitem als Unterwasserexperte zu erkennen, geht als solcher den Dingen noch tiefer auf den Grund als Gretta –

Sam Smith, Undercover-Agent und Verkleidungsspezialist, der leider vom Gegner entdeckt wird, als er – getarnt als Riesentomate – bei einem herzhaften Barbecue der Tomatenkannibalen ausgerechnet um Ketchup bittet –

Leutnant Wilber Finletter, Luftkampfspezialist, der mit flatterndem Fallschirm einem üblen Verbrecher nachrennt, der einen vergeblichen Attentatsversuch auf Dixon unternommen und dabei drei unschuldige Fußgänger erschossen hat.

Dieser »Meister«-Schütze ist kein Geringerer als –

Richardson: »Wissen Sie, es ist komisch, Dixon. Kein Mensch ist der Macht näher als der Pressesprecher dem Präsidenten der Vereinigten Staaten. Doch obwohl sie so nahe ist, ist

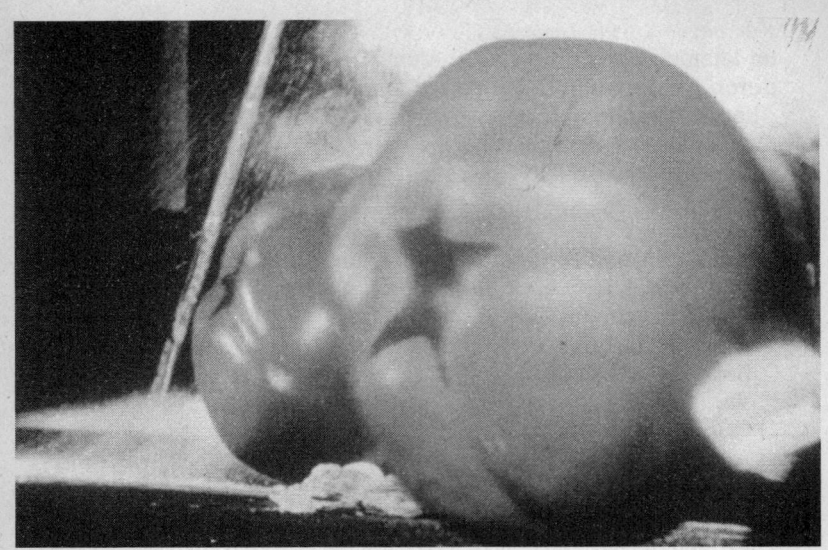

Aaargh!!

diese Macht nie wirklich in deiner Reichweite. Sie baumelt vor dir, macht sich lustig über deine Impotenz. Ich will nicht länger verspottet werden! Ich will nicht länger anderer Leute Antworten auf die Fragen anderer Leute geben. Die Antworten werden mein sein. Die Fragen werden mein sein. Alles wird mein sein. Es wird herrlich werden, Dixon. Schade, daß Sie es nicht mehr miterleben werden.«

Dixon: »Wieso glauben Sie denn, daß Sie die Tomaten besser kontrollieren können als jeder andere?«

Richardson: »Fragen! Fragen! Sie haben Ihren Beruf verfehlt. Mr. Dixon, haben Sie schon gegessen?

Hier, nehmen Sie eine Tomate. Hahaha! Seien Sie unbesorgt. Sie ist wirklich ganz klein und ziemlich harmlos. Stammt aus meinem Garten. Man kann sagen, ich harmoniere mit meinen Tomaten.

Im richtigen Moment – wenn alle Relikte der Macht verschwunden sind – werde ich auf meinem weißen

Hengst erscheinen und die Nation retten – beziehungs-
weise das, was von ihr übriggeblieben ist. Meine Mitbür-
ger werden mir ewig dankbar sein. Zumindest werden sie
meine wohltätige Führung der naheliegenden Alternati-
ve vorziehen. Das wird meine Sternstunde sein.«

Da erscheint Leutnant Finletter hinter Richardson und bringt den
Verrückten mit gezücktem Säbel zur Strecke: »**Aaaargh!**«

Die Killertomaten aber setzen unbeirrt ihren frechen Zerstörungs-
feldzug fort, brandschatzend, plündernd und vergewaltigend. Witwen
suchen ihre Männer, Kinder flüchten vor ihren Müttern – **Amerika in
Anarchie!**

Die Army – kann sie helfen?

So wie früher?

Beherzt und ein fröhliches Lied auf den Lippen, ein Lied wie dieses:

> »Wir besiegten die Deutschen ohne Last.
> Wir schlugen den Vietcong – fast.
> Wir kämpften auf dem Feld der Ehre
> und erteilten den Feinden eine Lehre.
> Aber jetzt wird es über Amerika Nacht.
> Wir rüsten zur letzten großen Schlacht.
> Wir kämpfen mit unserer ganzen Kraft
> gegen Tomaten, Ketchup und deren Saft.
> Sie sind viel größer, als wir dachten,
> sie fressen uns und woll'n uns schlachten.
> Wir werden sie bekämpfen, wo wir sie finden,
> sie treten und martern und furchtbar schinden.
> Sie werden vermatscht,
> an die Wände geklatscht.
> Es wird nicht verhandelt – wir greifen an.
> Doch die Tomaten steh'n ihren Mann.
> Tomaten! Tomaten! Tomaten!
> Hilfe, Tomaten bedrohen die Staaten!«

Aber nicht dieser mutige Song ist es, welcher den Tomaten den
Garaus macht, sondern Amerikas letzter Heuler, die absolute Nummer eins der Turkey-Hitparade:

Ronny Desmonds **Puberty Love!**

Ja, gegen schlimme Musik sind Tomaten nicht gefeit (& auch nicht
gegen schlimme Filme). Was immerhin von Geschmack zeugt.

Pubertäre Liebe – die Kraft, die alle Tomaten schafft!

Im San-Diego-Stadion kommt es schließlich zum großen Showdown: Aus den Stadionlautsprechern quillt drohend **Puberty Love**, was die Tomaten derart lähmt, daß sie augenblicklich von begeisterten Menschenmassen zertreten werden können: **Platsch! Matsch! Quatsch! Patsch!**

Eine Riesentomate freilich hat sich Ohrenschützer besorgt und Lois Fairchild, eine attraktive Journalistin, in die Enge getrieben. Doch gleich ist Mason Dixon zur Stelle und hält dem Gemüse (oder ist es am Ende eine Frucht?) ein Notenblatt mit Desmonds Unheilssong vor die Fratze. Aus ist es mit dem Grauen!

Für Lois und Mason aber ist es der Anfang – zwei, die sich finden mußten, haben sich gefunden.

Doch während sich die beiden Liebenden noch in den Armen liegen, sprießen in einem nahen Schrebergarten, gänzlich unbemerkt, die **Killerkarotten**: »Alles klar, Kumpels, die Luft ist rein!«

Wo Verleiher zu Dichtern werden

Filmtitel-Abc

Ach jodel mir noch einen – Stoßtrupp Venus bläst zum Angriff

Andere beten – Django schießt

Aus der Hölle gespuckt

Barbara – wild wie das Meer

Begierde unter Ulmen

Beim Jodeln juckt die Lederhose

Blob – Schrecken ohne Namen

Blonder Charme und schräge Schatten

Der Brausekopf mit den Sausebeinen

Bruce Lai – Der Killerhai

Brummi, sein Kolben läuft auch ohne Diesel

Der Bulle in Blue jeans, genannt die Strickmütze

Da lacht die Gänsehaut

Darf ich Sie zur Mutter machen?

Dauernd erregt

Die auf heißen Öfen verrecken

Die sich in Fetzen schießen

Django – Die Bibel ist kein Kartenspiel

Doktor H., der Blinddarmkiller

Eddie krault nur kesse Katzen

Eddie, Miezen und Moneten

Eddie, wieder Colt-richtig

Die Ente klingelt um halb acht

Erotik in der Folterkammer

Erstes Öffnen junger Lippen

Fans-Fans-Fans – Runter mit den Pants

Fetzig, frei und endlich high

Die fleißigen Bienen vom fröhlichen Bock

Fontäne der Lust

Frau im besten Mannesalter

Der Frauenfresser

Frauenpolizei im Nachtdienst

Friß den Staub von meinen Stiefeln

Die fröhlichen Holzfäller der nickenden Fichten

Fummeln im Wasser macht immer nasser

Das Geheimnis der roten Quaste

Geheimnis einer Frauenklinik

Das Geisterschiff der schwimmenden Leichen

Gern hab' ich die Frauen gekillt

Gewalt rast durch die Stadt

Ein Glücksschwein muß kein Ferkel sein

Gott vergibt – Django nie!

Der große Arzt-Report – 1. Teil: Das Geheimnis der Potenz

Das große Dings bei Brinks

Der große Schwarze mit dem leichten Knall

Die Grotte der vergessenen Leichen

Guila – Frankensteins Teufelsei

Heb hoch das Hemd, wenn's Höschen klemmt

Heiße Küsse – scharfe Schüsse

Heiße Schüsse – kalte Füße

Höllenhunde bellen zum Gebet

Hurra – Die Knochenbrecher sind da

Ich bin ein Elefant, Madame

Ich – das Abenteuer, heute eine Frau zu sein

Ich, die Nonne und die Schweinehunde

Im Schlafsaal der großen Mädchen

Jeder für sich und Gott gegen alle

Ein Kaktus ist kein Lutschbonbon

Kohlpiesels Töchter

Krieg der Infras

Der Kumpf – ein Jahr mit den Bergbauern am Waldberg *(Anfragen, was ein Kumpf sei, bitten wir vertrauensvoll an den Regisseur des Films, Herrn Joseph Schwellensattl, zu richten.)*

Kung Fu tötet den Paten

Der lange Blonde mit den roten Haaren

Die Leichenmühle

Der liebestolle Schlafwagenschaffner

Lola Colt . . . sie spuckt dem Teufel ins Gesicht

Louis – die Schnatterschnauze

Lucky M füllt alle Särge

Der lüsterne Türke

Lustig ist die Jodelei bei der Fummelfilmerei

Mädchen, die am Wege liegen

Mädchen, die nach Liebe schreien

Ein Mädchen in der Suppe

Ein Mann jagt sich selbst

Vom „LASS JUCKEN KUMPEL"-TEAM DER NEUE SEX-JUX-KNALLER

Liebesgrüße aus der Lederhose

Die Männer aus Bonanza – Sie ritten wie der Wind

Mein Freund, die Bestie

Mein Vater, der Affe und ich

Muschi Maus mag's grad heraus

Mutti, Mutti, er hat doch gebohrt

Nachts, wenn die Leichen schreien

Nackt und keß am Bodensee

Die Nackte und der Porno-Teufel

Noch mehr Rauch um überhaupt nichts

O Vater, armer Vater, Mutter hing dich in den Schrank und ich bin ganz krank

Operation Poker – Die Ballermann-Story

Oscar, der Korinthenkacker

Die Porno-Bestie

Porno-Möpse beißen nicht

Porno-Reise zur Sex-Göttin

Ein Priester, ein Panzer und ein Haufen müder Landser

Revolver diskutieren nicht

Schicke deinen Teufel in meine heiße Hölle

Das Schlitzohr mit dem Dampfhammer

Schrei, wenn der Tingler kommt

Ein Seemann ist kein Schneemann

Seine Rechte mäht wie eine Sense

Sie waren nackt und mußten sterben

Sieben schwarze Büstenhalter

Spaghetti im November

Spione, Liebe und die Feuerwehr

Das Stöhnen im Walde

Ein Student ging vorbei

Sünde mit Rabatt

Tanz der Totenköpfe

Der Teppich des Grauens

... tick ... tick ... tick

Der Tiger parfümiert sich mit Dynamit

Der Tod tanzt keinen Dixieland

Der Tod zählt keine Dollar

Die tollen Charlots: Wo die grünen Nudeln fliegen

Ein Film von
GEORGE A. ROMERO

Die tollkühne Hexe in ihrem fliegenden Bett

Totale Lust

Tote werfen keine Schatten

Der Totenchor der Knochenmänner

Der Totenschmecker

Die türkischen Gurken

... und ewig knarren die Betten

... und mehrmals täglich quietschen die Matratzen

Urlaubs-Report – Worüber Reiseleiter nicht sprechen dürfen

Verbrecherzentrale Totenkopf

Verdammt, verkommen, verloren

Vier Frauen im Sumpf

Vier im rasenden Sarg

40 Nächte voll Tücke und Sex

Von Haut zu Haut

Vorstadtfrauen – Lustgefühle am Vormittag

Warum läufst Du immer nackt herum?

Was nützt dem toten Hund ein Beefsteak?

Was sagt man zu einer nackten Dame?

Was sehe ich...! Was sehe ich...!

Was treibt die Maus im Badehaus?

Wehe, wenn uns die Lust packt

Weihwasser-Joe

Wenn die prallen Möpse hüpfen

Wer küßt wen?

Wer spritzt denn da am Mittelmeer?

Wilde Betten – Lippenstift-Tigerinnen

Der Wind hat meine Existenz verweht

Wo der Wildbach durch das Höschen rauscht

Wu Kung, Herr der blutigen Messer

Zamba, der Schrecken des Urwaldes

Zwei in einem Stiefel

Zwei linke Hände in der rechten Tasche

Liebesbeichte junger Ausreißerinnen

Sex-Abenteuer deutscher Mädchen in aller Welt

Zwei Rebläuse auf dem Weg zur Loreley

Zwei tolle Wanzen kochen ab

Schlagzeilen, die keine Filmgeschichte machten

Werbeslogans, die Sie nicht für möglich halten

Ein Film wie ein Blitzstrahl ins Herz unserer Zeit
Entfesselte Jugend

Scheinwerferlicht auf ein dunkles Kapitel unserer Gegenwart
Gefährdete Mädchen

Menschenaffen
in der Gewalt eines Wahnsinnigen
rauben weiße Frauen.
Heute Utopie – morgen – ?
Nackt unter Affen

Laßt uns beten! Damit dieser Film nie Wirklichkeit wird!
Earthquake – Flammendes Inferno in Tokio

Bis an den Busen bewaffnet – Aufbruch zur Weltherrschaft der Frauen
Die sieben Männer der Sumuru

Sie siegen immer – im Kampf und im Bett –
die wilden Töchter Asiens
Die Nackten und die Bestien

Hemmungslos bis zur brutalen Vergewaltigung
Straflager der Geschändeten

Angst, Haß, Wollust und Gewalt
durchrasen diesen höllischen Superschocker,
der die nackte Fratze menschlicher Perversionen
schonungslos geißelt!
Supervixens Eruption

Sie schien das Herz eines Satans zu haben –
aber auch für sie kam die Stunde der Entscheidung
Sie pfiff – und die Kerle kuschten

Ihre Lippen versprachen heiße Küsse, ihr Degen pfiff das Lied vom Tod
Isabella – mit blanker Brust und spitzem Degen

Steckt Dany ihre Beine aus,
trägt's jeden aus der Kurve raus
Dany – die Anhalterin

Weite Herzen und hautenge Bikinis am Dolce-Vita-Strand des Mittelmeeres
Komm mit zur blauen Adria

So oft fiel Gunther Philipp noch nie ins Wasser
Nachts ging das Telefon

Ein Spitzenfilm der Sonderklasse –
dessen thematische Kühnheit beispiellos ist
Die Schamlosen

Wenn Barney einen Blick riskiert,
so manche den BH verliert
Der Typ mit dem irren Blick

Ein Film, der zur Selbstbesinnung zwingt
Das Mädchen mit der Peitsche

Jungfrauen aller Jahrgänge verkriecht euch
haltet euch Augen und Ohren zu
hier kommt ein Sex-Lust-Spiel
in dem es nur so bumst und kracht
Liebesgrüße aus der Lederhose

Eine Romanze in Seele und Sex
Emanuela – Dein wilder Erdbeermund

Ein bluttriefendes Ungeheuer vergreift sich an wehrlosen Frauen!
Die Schreckenskammer des Dr. Thosti

Die »Love-Story« eines Horror-Scheusals
Das Schreckenscabinett des Dr. Phibes

Die neue Schiesser-Kollektion

Laufen Sie nach Hause – schließen Sie Fenster und Türen –
ein Monster geht durch die Stadt
Frankenstein '80

Wo der Mensch ohnmächtig ist gegen die übernatürlichen Kräfte der
Vampire, kann nur einer helfen, der Superheld!
Ein Superheld gegen Vampire

Ein Kopf ohne Körper beherrscht die Menschheit
Ein Film, der den Rahmen des Üblichen sprengt
Der Mann ohne Körper

Eine Handvoll Menschen im Schraubstock der Angst
Gefangene der Bestien

87

Ein Außenseiter-Film im Thema und in der Gestaltung
Gibt es Marsmenschen?
Drei Männer und eine Frau kämpfen verbissen gegen seltsame
Ungeheuer
Weltraumschiff »MR 1« gibt keine Antwort

Mit Raketenautos, Laser und fliegenden Motorrädern gegen den Rest
der Welt
MegaForce

Mächtiger als King-Kong
Schneller als der 6-Bill.-Dollar-Mann
Tödlicher als der Superdrache
Stärker als Überschall-Jäger und Atom-Kreuzer
Ein Science-Fiction-Thriller von Weltformat
Superboy 2. Teil – Der Blitz aus dem All

Menschenschreie um Mitternacht!
Unfall oder kalter Mord?
Der Tod hat schwarze Krallen

Sie töteten in wilder Mordgier,
doch an ihren Händen klebte kein Blut
Die Würger von Bombay

Haben Sie,
wenn das Entsetzen den Schrei in Ihrer Kehle erstickt,
das verrückte Bedürfnis,
irre zu lachen?
Die große Horror-Show

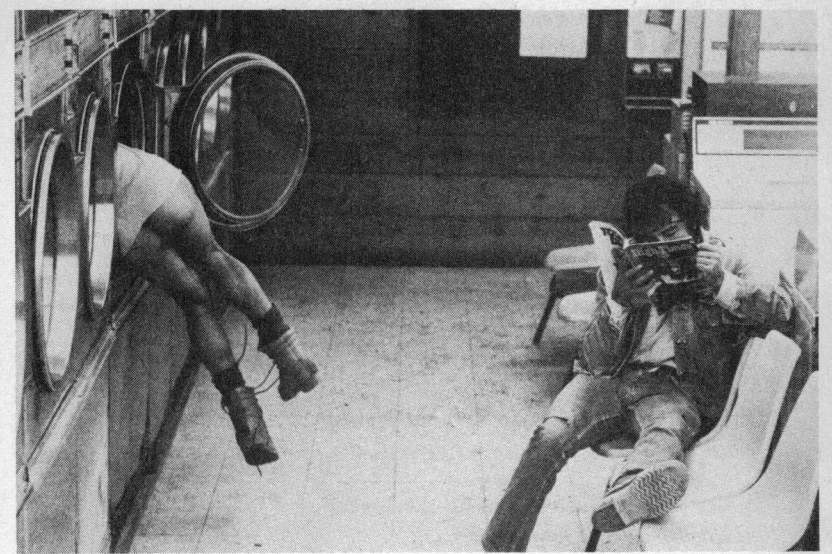

Vorgestern im Waschsalon

Kommen Sie bitte pünktlich in diesen Film,
sonst versäumen Sie
die feinsten Morde aller Zeiten!
Sie versäumen, wie man einen Motorradfahrer mit seiner eigenen
Maschine umbringt.
Sie versäumen, wie ein Schaschlikspieß zur Mordwaffe wird.
Sie versäumen, was für blutige Folgen eine Gartenschere hat.
Sie versäumen, wie tödlich Gewichtheben ist.
Sie versäumen, wie sich eine Badewanne in einen Sarg verwandelt.
Sie versäumen, wie lautlos das Rasiermesser killt.
Ab in die Ewigkeit

Der phantastischste utopische Film, der je gedreht wurde!
U 2000 – Tauchfahrt des Grauens

Der phantastischste utopische Film, der je gedreht wurde!
Caprona – das vergessene Land

89

Wer um sein Leben läuft, trainiert auch in der Hölle.
Wer in der Hölle trainiert, läuft wie der Teufel.
Ein Mann kämpft allein

Mister Boo – seine Waffen sind Bratpfannen, Haifischzähne, Schwertfische und meterlange Würste
Mister Boo

Er heißt MIKE. Keiner kennt ihn.
Er wird verspottet, geschlagen, verfolgt.
Aber er bekommt seine letzte Chance, wenn er in 3,8 auf 100 beschleunigt.
Mike in 3,8 auf 100

Das Ziel vor Augen, den Tod im Nacken
Die Rache der geschändeten Frauen

Dieser Film ist ein Fressen für die Jugend
Es begann, als sie nein sagte

Die Geschichte junger Menschen, die sich,
vor Tatendrang fiebernd,
in das große Abenteuer des Lebens stürzen!
Die Sommerinsel

Wir haben Sicherheitsgurte für Sie, denn wir wissen:
dieser Rhythmus reißt Sie von Ihrem Sessel!
Ich wär' so gerne verliebt

Nimm deinen »steilsten Zahn« und »die Regierung« mit in diesen Farbfilm!
Blond, süß und sehr naiv

Das ist die größte Zentralschaffe, die alle Wuchtbrummer und steilen Zähne erlebt haben!
Twist... daß die Röcke fliegen!

Fröhliche Teenager, die nur ein Problem haben:
Wie werden wir so schnell wie möglich unsere Unschuld los?
Leidenschaftliche Blümchen

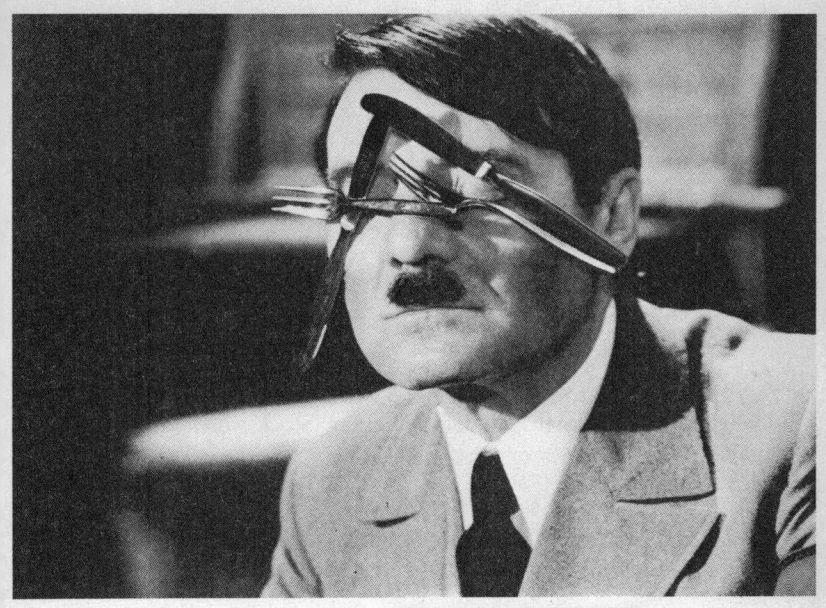

Onkel Addi: Wir sind schließlich ein ███████████

Das Ewig-Weibliche im Chaos unserer Zeit
Hemmungslos

Wer löst das Geheimnis der erloschenen Lampen?
Der Fluch der grünen Augen

Mädchen stöhnen selig »oh«,
der »Lange« macht sie alle froh!
Der kleine Dicke mit dem großen Langen

OOOHHH!!!
Die Geschichte der O

Dialoge des Schreckens

»Wir wollen nicht denken, wir wollen trinken.«
Der Untergang des Römischen Reiches

»Wenn die Welt untergeht, dann ist alles vorbei.«
Ein Riß in der Welt

»Du darfst mich nicht essen: Ich bin Jude, ich bin Ire, ich bin
Kommunist, ich bin leberkrank.«
Queen Gorilla

»Vater, ich muß fort von hier. Bela, der Zigeuner, war ein Werwolf.
Ich habe ihn getötet mit dem silbernen Stock, aber er hat mich
gebissen.«
Der Wolfsmensch

»Wer aus Bodenwerder stammt, kann kein Türke sein.«
Münchhausen

»Ich habe Respekt vor Ihrem geistlichen Gewand, aber alles, was
dahintersteckt, ist Lüge.«
Im Banne des Unheimlichen

»Ist es Nacht?« – »Nein, es ist mitten am Tag. Aber dies ist kein Tag
wie die anderen Tage.«
Das Gewand

»Diese Christen glauben also daran, daß sie ein ewiges Leben haben.
Das ist doch Unsinn.« – »Natürlich ist das Unsinn, aber sie glauben
eben dran.«
Die Gladiatoren

»Niemand hat je gewagt, in meiner Gegenwart Befehle zu erteilen.« –
»Dann werde ich eben der erste sein, meine Süße.«
Herkules und die Königin der Amazonen

»Aber ja, alles in Ordnung, wir kämpfen bis zum letzten Mann.«
Die längste Brücke

»Es ist leichter, ein Heer zu besiegen, als die Gedanken einer Frau zu erraten.«
Die Irrfahrten des Herkules

»Mann, du schießt aber immer noch was weg.« – »Ja, so ist das nun bei mir.«
Der weiße Büffel

»Es gibt da nicht viel zu verstehen. Er war Soldat und ist gefallen wie tausend andere.«
Sturzflug in die Hölle

»Dieser Krieg muß doch sehr unangenehm für Sie sein, Mr. Holden?« – »Oh, ich gestalte ihn mir so angenehm wie möglich.«
Unternehmen Petticoat

»Du bist zwar für alle verantwortlich, aber dieses Mal übernehme ich die Verantwortung für dich.«
Steiner – Das Eiserne Kreuz

»Bleiben Sie in Ihren Häusern. Ihre ganze Sicherheit beruht jetzt auf Ihrer Einsicht in die militärischen Maßnahmen.«
Formicula

»Es ist wundervoll zu sehen, wie das FBI durchgreift, Mr. Corley.«
Schwarzer Sonntag

»Ich bin nur Polizist. Ich hab' nicht viel übrig für Science Fiction.«
Die Fliege

»Wie heißt du?« – »Hyde! Mister Hyde!« – »Hast du keinen Vornamen?« – »Nein, meine Eltern hatten 'ne schwache Phantasie.«
Jekyll & Hyde – Die schärfste Verwandlung aller Zeiten

»Ein Mann jagt zuerst immer das Tier und dann die Frau.«
Graf Zaroff – Genie des Bösen

»Ja, die Natur ist voller Rätsel.«
Giganten der Vorzeit

»Sie können mich nicht hypnotisieren. Ich bin nämlich Engländer.«
Der sechste Kontinent

»Ich werde ihn zur heiligen Kirche mit solchen Hieben bekehren, wie er sie noch nie bekommen hat.«
Der Talismann

»Niemand erwartet von ihm, daß er normal ist. Er ist Bischof.«
Jede Frau braucht einen Engel

»Du hast mir nie besonders gut gefallen. Du bist ein Bär. Und ich mag keine Bären.«
McQ schlägt zu

»Ich halte dich nicht für einen attraktiven Mann, hingegen für ein verdammtes Arschloch.«
Telefon

». . . wenn ich beim Schlußgong noch irgendwie stehe, dann werde ich zum ersten Mal in meinem Leben wissen, daß ich nicht ein Penner oder Niemand bin.«
Rocky

»Ehrlich, das Bumsen allein bringt's auch nicht.«
Saturday Night Fever

»Der Tod ist groß. Wir sind alle die Seinen.«
Nosferatu – Phantom der Nacht

»Schildkröten sind ja niedliche Tierchen, und ich hab' ja auch nichts gegen Dinosaurier – aber Blutegel . . .«
Der letzte Dinosaurier

»Haben Sie denn keine Angst?« – »Doch. Aber ich muß immer wieder denken, daß Angst die dümmste Form von Egoismus ist.«
Die Insel der Ungeheuer

»Sie sind mißtrauisch, Mr. Bond?« – »Lieber etwas mißtrauisch als etwas tot!«
Der Spion, der mich liebte

»Oh, die Hubschrauber fliegen aber tief.« – »Gibt bald Regen,
Mann!«
Cheech & Chong's heiße Träume

»Wenn Idi Amin das nächste Mal kommt, schleiche ich mich hinter ihn
und schlage ihm mit einem Tischbalken über seinen dicken, dummen
Kopf.«
Unternehmen Entebbe

»Was immer es war, wir haben es überstanden, es ist vorbei.«
Der Teufel auf Rädern

Kino, wie es nie sein darf

Filme, die wir **nicht** sehen wollen –
unter gar keinen Umständen!

I

Der Schulagent

Ein Film von **Walter Bockmayer** und **Rolf Bührmann**
nach einem Drehbuch von **Kurt Raab**
Produziert von **Artur Brauner**
mit Geldern des
Senators für Schulwesen, Jugend und Sport Berlin
Tommy Ohrner ist der **Schulagent**
(Sie waren stark – aber er war stärker!)
Zachi Noy ist der doofe **Eisverkäufer** vom Mariannenplatz
(Eis vom Stiel)
Ixi ist die **Pausenbrotverkäuferin** in der großen Pause
(Plem, Plem)
Georg Thomalla ist der hilflose **Schulleiter**, der den Schulagenten
rief
&
???
ist
der
Große Schwänzer:
Er schwänzte, was das Zeug hielt!

Wer
ist der große Unbekannte,
der in der Schule am Mariannenplatz – dort, wo Kreuzberg am
schmierigsten ist – immer die Pausenbrote entwendet?
Wer
ist der Furchtbare,
der ahnungslosen Schülern auf dem Nachhauseweg das wohlverdiente
Eis in den Schnabel drückt und die Eistüten in seine umfangreiche
Eistütensammlung einordnet?

Wer
ist der geheimnisvolle Maskenmann,
der auf dem Schulhof Schutzgeld kassiert und Schüler wie Lehrer zum
Schwänzen anstiftet?
Jaaa, der **Große Schwänzer** geht um!

Die Elternschaft ist verzweifelt:

Werden Chaos & Anarchie endgültig Einzug halten in Berlin-Kreuzberg, das sowieso schon ein Pulverfaß ist?

Rettung aus höchster Not bringt der **Schulagent**, Einser-Abiturient und ein Junge auch für schwierigste Fälle.

Denn er – und nur er – verfügt über die technischen Mittel, es mit dem **Großen Schwänzer** aufzunehmen: Sein Tretauto ist mit allen, wirklich allen Extras ausgestattet, einschließlich genügend Käfigraum selbst für hartnäckigste Schwänzer und Radar, womit er seinen Gegenspieler auf der Stelle ortet, der dem Arm des Gesetzes mit einem klapprigen Tretroller zu entkommen sucht.

Da der Arm des Gesetzes sich als nicht lang genug erweist, greift der **Schulagent** zum Lasso. Solcherart wird der **Große Schwänzer** demaskiert und muß, zur Strafe, einmal die Woche die Aufgänge im Hause des Berliner Schulsenators schrubben.

Dies wird ihm hoffentlich eine Lehre sein!

DER SCHULAGENT –

**Ein Problemfilm,
der uns alle angeht!
Sehen Sie diesen Film,
bevor es zu spät ist!**

II

Socken des Grauens

Schonungslos offen packt dieses einmalig erschütternde Filmwerk eines der meistdiskutierten Themen unserer Zeit an:
Was passiert mit den Löchern in den Socken?
Wirklichkeit, wie sie uns bis in die Zehenspitzen hinein berührt!
SOCKEN DES GRAUENS

Ahnte sie, daß sie ihn heute nacht umbringen würde – nach zweiundzwanzigeinhalbjähriger Ehe?

Achtlos hatte er ihr wieder mal seine Socken hingeschmissen, die durchlöchert waren wie ein Sieb. Hatte sie, während er sich eine Flasche Bier aus dem Kühlschrank holen ging, aufgefordert, sie zu stopfen – aber: dalli!

Da plötzlich hatte sie genug – vom Patriarchat!!!
SOCKEN DES GRAUENS

Endlich wußte sie, was sie wollte – jedenfalls nicht mehr diese Socken stopfen!
Diese verfluchten Socken – diese verfluchte männliche Bequemlichkeit!!!
Warum stopft er sie nicht selber – die
SOCKEN DES GRAUENS?

Wahnsinn rötete ihre Augen, Irrsinn ließ ihre Nasenspitze beben, als sie ihm die Bierflasche aus den Händen riß und auf seinem geistlosen Schädel zertrümmerte. Blutüberströmt brach er zusammen.
SOCKEN DES GRAUENS

Sie hatte gewonnen. Er war tot. Nur: Wie sollte sie die Leiche verschwinden lassen? Eine furchtbare Idee reifte erbarmungslos in ihrem Hirn: Warum nicht eine Riesenwollsocke stricken, in welcher

98

der ungeliebte Tote bequem Platz fand, und den ganzen Unrat im Rhein-Main-Donau-Kanal deponieren?

SOCKEN DES GRAUENS

2 Jahre war sie mit Stricken beschäftigt, dann war sie fertig: die Riesenwollsocke. Die Leiche paßte prima hinein.

Allein: Ihrer Aufmerksamkeit war das Riesenloch entgangen, das sich unbemerkt in die Riesenwollsocke geschmuggelt hatte, als sie die Fracht auf dem Rücksitz ihres Wagens verstaute.

Bei der nächsten Verkehrskontrolle konnte dieses Malheur sehr peinlich werden, zumal aus dem Riesenloch ein toter Arm baumelte.

SOCKEN DES GRAUENS

Der Leidensweg einer jungen Ehefrau, der das Loch in einer Socke zum Verhängnis wurde.

In herrlichen Farben hinreißend in Szene gesetzt von:

Peter Zadek – diesmal nicht sehr frei, sondern überhaupt nicht nach Motiven eines Romans von Johannes Mario Simmel!

SOCKEN DES GRAUENS

Ein erregender Film, der unter die Hornhaut geht!!!

In den Hauptrollen:

Margarethe von Trotta als verzweifelte **Ehefrau,** die zur Bierflasche griff

Die **Leiche** von **Emil Jannings** – frisch ausgegraben von **Wim Wenders**

Nina Hagen – als verrückte Nähnadel, die nie in Erscheinung tritt, sowie das Orchester **Paul Kuhn**

SOCKEN DES GRAUENS

(Demnächst – hoffentlich nicht! – in diesem Theater)

Dem Regissör ist nichts zu schwör

Werner Herzog (1942–   ).

»Man hat sehr oft versucht, nach Vorbildern in meinen Filmen zu suchen, aber ich habe immer das Gefühl gehabt, ich hätte meine Filme gemacht, als gäbe es die Filmgeschichte überhaupt nicht.«[1]

Wozu denn auch Vorbilder? Wozu Filmgeschichte?

»Schauen Sie sich mal so einen Mann wie den Orson Welles an: der war ein Mann so stark wie ein Tier an Kraft. Und was ist von dem Mann übrig? Ein feistes, versoffenes, widerliches, engerlinghaftes, unerträgliches Stück Fett, das ist alles, was von dem Mann übriggeblieben ist, ein Nichts.«

Dann schon lieber ein geübter Autodidakt wie Werner Stipetič (alias Herzog), der mit sich und seiner Identität im reinen ist: »Sie fragen nach Identitätssuche – das hat mich eigentlich nie wirklich beschäftigt, weil ich irgendwie das Gefühl habe, daß ich so, wie ich bin, ganz rund bin.« (Wenn auch nicht so rund wie der verabscheuungswürdige Orson Welles!)

Ein eingefleischter Improvisator, der nur ungern nach einem starren Drehbuch handelt oder – Schrecken aller Schrecken! – nach einem Plan.

Dialoge entstehen in der Regel erst am Drehort, mit der Frage an den Darsteller: Wie würden Sie's denn sagen? Sagen Sie's mal mit eigenen Worten!

Auch gibt es stets ein Drittel an neuen Szenen, deren Bedeutung beim Schnitt freilich wieder aus dem Gedächtnis gestrichen wird: »Beim Schnitt habe ich eben gelernt, aus langen Erfahrungen, daß ich das ganze Material vor mir habe und mir das ansehe und dabei versuche, völlig zu vergessen, wer das überhaupt gemacht hat und welche Ideen dahinterstanden.«

»Um wirklich das Beste aus dem Material herauszuholen, werde ich eigentlich immer nur zu einem absoluten Nichts an Bedeutsamkeit; ich werde wirklich so klein wie ein Würmchen in Anbetracht des Materials. Ich schau mir das dann an und denk mir, was steckt da jetzt

---

[1] Dieses und die weiteren Herzog-Zitate wurden einem Werner-Herzog-Interview von Hans Günter Pflaum entnommen, abgedruckt in Reihe Film 22: Werner Herzog. München, Wien 1979

eigentlich drin. Ich frage mich eigentlich nicht mehr, was ich damit machen wollte, sondern ich nehm das so an mich, als hätte ich's irgendwo auf einem Abfallhaufen gefunden und müßte nun daraus was machen.«

Ein Abfallhaufen mag ja noch angehen, zumal gelegentlicher Dilettantismus, als Filmkunst mißverstanden, in unseren Breitengraden an der Tagesordnung ist. Doch das Maß ist voll, wenn besagter Dilettant den absurden Einflüsterungen einer unheilvollen Stimme erliegt und sich plötzlich für den größten lebenden deutschen Filmregisseur hält – einen zweiten F. W. Murnau, dessen NOSFERATU-Stummfilm (»für meine Begriffe der größte und bedeutsamste Film, der jemals im deutschen Film gemacht worden ist«) ihn zu einem Remake inspiriert hat, das besser nicht gemacht worden wäre. Dieses erschloß ihm »in vielerlei Hinsicht ganz neue Aspekte. Zum Beispiel durch die Größenordnung, in der ich gedreht habe. Sie wissen, daß 20th Century Fox, eine große Hollywood-Major-Company, den Film zum Teil finanziert hat...« (ehrfürchtiges Schweigen!)

Tja, und zunächst der Größenordnung liegt der **Größenwahn**, welcher alsbald von Werner Herzog Besitz ergriff.

Größenwahn in solchen Ausmaßen, daß selbst Hollywood Major Fox kalte Füße kriegte und bei Anfahrt des Zuges absprang.

Der Größenwahn hatte auch einen Namen – er nannte sich FITZCARRALDO!

Grundlage dieses ehrgeizigen Filmprojekts war: *der Glaube*. Doch ist es nicht ein unbestimmter Glaube, der Berge zu versetzen vermag, sondern der Glaube an Herzog, der solches bewirkt.

»Aber ich sage Dir, Laurens«, formulierte Herzog gegenüber einem Interviewer das Thema des Films, »gib mir 5000 organisierte, disziplinierte Menschen, also sozusagen eine Armee, und gib mir zwei Jahre Zeit, dann schaffe ich Dir einen 200 t schweren Stein 2 km über Land und stelle ihn Dir senkrecht. Und zwar würde ich es folgendermaßen machen...« Es folgt eine ausführliche Beschreibung, wie er, Werner Herzog, dies zuwege bringen würde – und nicht etwa die disziplinierte Armee der 5000!

Einen so unauslöschlichen Eindruck haben die riesigen Hinkelsteine, über 150 Tonnen schwer, die vor fünftausend oder zehntausend Jahren in der Bretagne aufgerichtet worden waren, in ihm hinterlassen, daß er sie zur Moral einer Abenteuergeschichte erhob, die ihm ein Freund aus Peru erzählt hatte: Dort lebte einmal ein Kautschuk-

Genie und Wahnsinn

baron mit Namen Fitzcarrald. Der hatte ein Schiff auseinandergenommen und von einem Fluß in einen anderen transportiert.

Herzogs FITZCARRALDO, ein Caruso-Fan übrigens (aha, der Mann hat Kultur!), nimmt seinen Dampfer »Molly Aida« nicht erst auseinander, sondern läßt ihn – nach klassischem Hannibal-Vorbild – von Indianern in einem Stück über einen hindernden Berg ziehen.

Damit auch der Dümmste merkt, wie ernst es dem Regisseur mit der Moral ist, lehnte der beharrlich die »Plastiklösung« ab, setzte durch, daß bei den Dreharbeiten auch wirklich ein echtes Schiff über den Berg gewuchtet wurde – und »kein Pappmaché-Schiff über einen Studio-Hügel in Hollywood«.

Wie sein FITZCARRALDO nahm Herzog für diesen gewagten Realismus gern jede Strapaze, jedes Risiko auf sich. Einige Darsteller – Mario Adorf, Mick Jagger und Jason Robards, der die Titelrolle spielen sollte – waren von den gefahrvollen Situationen, in die sie der Regisseur trieb, derart angetan, daß sie bei passender Gelegenheit freudig den Dienst quittierten und der Film von vorn begonnen

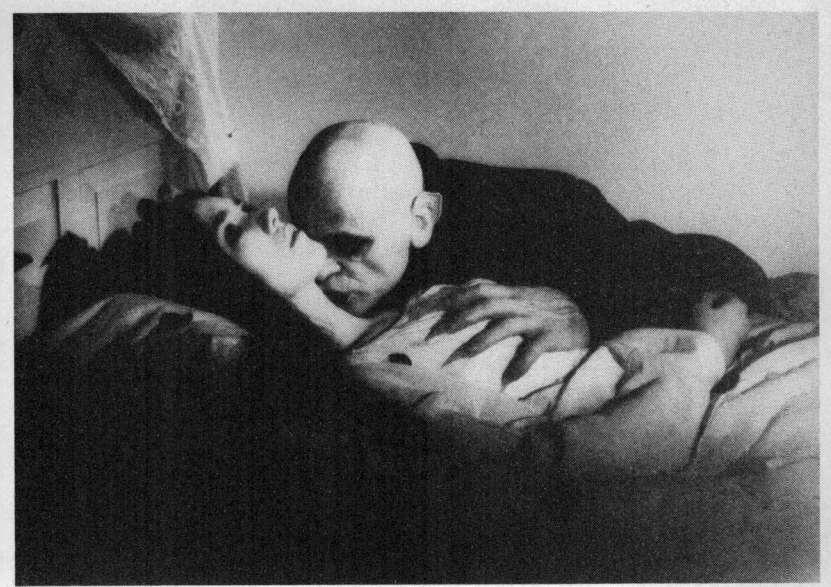

Schmeckt gut!

werden mußte. Dem irren FITZCARRALDO lieh jetzt der irre Klaus Kinski sein nicht minder irres Profil: »ein ungelenkes Rumpelstilzchen mit strohgelber Punkfrisur und etwas zu groß geratenem Kukident-Gebiß, mit rollenden oder aufgerissenen Augen und fast immer schmerzlich verzerrter Horrormiene«, bei den Filmleuten wegen seiner ständigen Tobsuchtsanfälle als »Adolf« verschrien, »mehr ein lustiger Bi-Ba-Butzemann und Kinderschreck als ein titanischer Woyzeck am Amazonas« (Wolf Donner).

Zwei Todesopfer hat das irrwitzige Filmunternehmen gekostet – was Herzog offensichtlich nicht genug war, wie man in seinem Tagebuch nachlesen kann:

». . . Wäre an dieser Stelle ein Unglück passiert, so hätte man mindestens mit 20 bis 30 Toten rechnen müssen.«

Was würde geschehen, wenn diesem Größenwahnsinnigen (»Genial, aber verrückt« – so das Urteil des Komikers Mel Brooks über Herzog) wirklich mal eine Armee aus 5000 disziplinierten Leuten zur Verfügung stünde?

Wolf Gremm (1942–   ).

»Wie denn? Der Vermummte – nein, nicht der spätere, nicht der mit dem Elefantenrüssel – ich meine den mit dem langen Mantel und dem Hut, den Mann, der dann auf der riesigen Wäscherolle verblutet ... der ist also nur ein ganz normaler Gangster ohne Bezug zur Bombensuche? Aber warum erschießt ihn dann Fassbinder so mir nichts dir nichts ... Und der andre, der Stumme in Frauenkleidern, mit Männerbein und Rüssel, der den Leutnant Jansen-Fassbinder nun doch wohl wirklich in diesem verflixten 31. Stock überfällt – ist das nicht ein Zomby?«

Verwirrung befiel die zum erstenmal ratlose »Tagesspiegel«-Kritikerin Karena Niehoff angesichts des futuristischen deutschen Kriminalfilms KAMIKAZE 1989 nach dem Roman »Mord im 31. Stock« von Per Wahlöö – mit, aber nicht von Rainer Werner Fassbinder.

Mit dem, der die Verwirrung angerichtet hat: Wolf Gremm, plauderte exklusiv für **Kino, wie es keiner mag:** *Christian Hautop.*

Wolf, vor fünf Jahren hast du in einem Interview mit dem Berliner Stadtmagazin »zitty« gesagt: »In fünf Jahren gibt es keine deutschen Filme mehr. Um Filme produzieren zu können, braucht man Geld, und solange die Entscheidungen von Gremien abhängen, die immer etwas künstlerisch Wertvolles wollen, ist das nicht möglich.« Tatsächlich scheinen manche Vorstellungen, die Bundesinnenminister Zimmermann von der Filmförderung hat, dieser These zu entsprechen. Hast du so etwas wie einen sechsten Sinn?

Sechster Sinn ... ja! Schließlich war das ja nicht falsch, was ich damals sagte. Ich möchte da dem Kluge recht geben, der neulich in einer Fernsehsendung sagte: »Wir müssen Kaufleute werden.« Das heißt, der deutsche Film ist eine Branche wie etwa die Werftindustrie. Bei der Werftindustrie habe ich den Eindruck, daß die gesundgeschrumpft oder ganz abgeschafft werden soll, weil sie nicht mehr konkurrenzfähig ist. Ich habe das Gefühl, daß im Filmbereich auch solche Bestrebungen im Gange sind. Leute wie Zimmermann sehen Film nur noch als Industrie und sagen: »Das ist nicht mehr rentabel.« Die sehen sich einfach die Zahlen an – ich lasse mal die politischen Geschichten weg – und sagen: »Da wird soundsoviel investiert und soundsoviel kommt dabei raus – vergessen wir das Ganze und gehen gleich zu einer multinationalen Industrie über.« Ich glaube, das ist der eigentliche Grund, der hinter all dem steckt.

Die Äußerung damals hatte natürlich einen provozierenden Charakter, denn wenn ich wirklich dieser Meinung wäre, hätte ich jetzt schon einen anderen Beruf. Wer will schon, wenn er einen sechsten Sinn dafür hat, einen Beruf ausüben, von dem er weiß, daß er sowieso untergeht? Aber wenn man das liebt, was man macht – wie z. B. ein Schiffsbauer, der an der Nordsee aufgewachsen ist und Schiffe mag –, ist es wichtig, dafür auch zu kämpfen, auch wenn man auf einem scheinbar untergehenden Schiff ist.

Wenn das internationale Ansehen des deutschen Films – ein beliebtes Argument – wirklich so hoch ist, wie seine Regisseure und Produzenten immer wieder beteuern, warum setzen sich dann deutsche Streifen – von Ausnahmen mal abgesehen – z. B. in Amerika nicht durch?

Für die Amerikaner ist Kino amerikanisch. Es ist ihre Sprache, sie fühlen sich identisch damit. Die Deutschen identifizieren sich nicht mit dem Kino, sondern damit, daß sie große Musiker und Wissenschaftler hervorgebracht haben. Der deutsche Professor, meist jüdischer Herkunft – das ist ja das Paradoxe –, Musik und Mercedes-Stern und Stahlindustrie bestimmen unser Selbstbewußtsein.

Mit einem Film von außerhalb erreicht man in Amerika nur eine kulturelle Minderheit. Es ist ein erster Schritt, daß es der deutsche Film auf dieser Ebene geschafft hat, akzeptiert zu werden. Ich halte das schon für unheimlich viel.

Der zweite Schritt muß sein, Filme zu machen, für die sich auch die Leute auf dem Lande interessieren. Das werden wir dann erreichen, wenn die dort drüben nicht mehr genügend Filme haben, ich denke, so in etwa zwei oder drei Jahren. Die haben doch schon alles durchgejubelt, auch an alten Filmen, und dann brauchen sie neue Ware, um etwas spielen oder senden zu können. In dem Moment haben wir eine ökonomische Situation – und Anfänge dafür sind schon vorhanden –, wo sich der Markt öffnen wird und man sich für Filme aus dem Ausland interessiert. Da liegt meiner Meinung nach die Zukunft.

Meine Filme, wie z. B. FABIAN oder KAMIKAZE, laufen dort in den Off-Kinos wie andere amerikanische Filme, die die Jahre überlebt haben. Das bedeutet für mich als Autor, als Filmemacher eine ständige Präsenz und ist eine Basis für mich, einen dritten oder vierten Film zu machen. Ich drehe gerade zwei Filme, die in Amerika spielen, aber von der Geschichte mit Deutschland verbunden sind. Um dahin zu kommen, ist es ein langwieriger Prozeß. Aber es ist schon unheimlich viel, das erreicht zu haben. Aber zu fragen, warum wir deutsche Filme nicht so gut verkaufen wie einen VW Golf, halte ich für falsch.

Du hast in dem eingangs zitierten »zitty«-Interview auch gesagt: »Es fehlen die aktuellen Autoren . . .« Zumindest für dich dürfte sich dieses Problem nicht gestellt haben, hast du doch Filme nach Romanvorlagen von Kästner, -ky oder Wahlöö gedreht. Trotzdem waren diese Streifen an der Kinokasse nicht sonderlich erfolgreich. Woran mag das liegen?

Ich kann dir das ganz einfach beantworten: Ich glaube, ich bin einfach noch nicht gut genug. Aber ich habe viel gelernt, indem ich viele Filme verschiedener Genres gemacht habe. Außerdem habe ich ein Autorenbewußtsein, das nicht so sehr europäisch geprägt ist, im Sinne von Selbstdarstellung, sondern eher amerikanisch, also vom Handwerklichen kommt. Dieses Handwerkliche kann ich nur lernen, wenn ich ganz unterschiedliche Filme drehe. Wenn sich jemand die Mühe machen würde, alle meine Filme anzuschauen und sich auf den Autorengedanken einzulassen, würde er eine ganz spezifische Thematik entdecken und ihre Variation. Das ist in meinem Fall noch nicht passiert, weil ich in meiner Selbstdarstellung, angefangen mit DIE BRÜDER, immer betont habe, daß ich kommerzielle Filme mache. In diesem Augenblick war die Reaktion der Öffentlichkeit sofort: »Aha, der steckt in diesem Schubkästchen, der macht Kommerz auf eine falsch verstandene Weise, da gucken wir erst gar nicht hin.« Es gab damals diese Antireaktion, weil »kommerziell« als böser Gegner galt.

Wenn irgendwann in hundert Jahren irgend jemand aus dem ganzen Müll, der von uns übriggeblieben ist, eine VHS- oder Beta-Kassette hervorbuddelt und noch so ein altes Gerät besitzt, in das er die Kassette reinschiebt, und sich den Film darauf ansieht und er merkt nach fünf Minuten: »Mensch, das ist ja ein Film aus Deutschland, von so 'nem Typ, wie hieß der doch gleich? Richtig. Gremm« – das fände ich wirklich toll.

Wenn du sagst, daß du Filme mit kommerziellem Anspruch machst . . .

Was verstehst du unter »kommerziellem Anspruch«?

Daß Filme gedreht werden, die ihre Herstellungskosten auch wieder einspielen und die Leute unterhalten.

Das macht doch jeder Regisseur, ich sage es nur auch. Deswegen gab es ja diesen Knall bei DIE BRÜDER. Und daher rührt auch eine bestimmte Polarisierung, eine ganz tolle Spannung zwischen mir und der Kritik, wie du sicher weißt.

Ja, sicher. Einerseits werden in den Presseinformationen zu deinen Filmen überschwengliche »Variety«-Zitate bemüht, andererseits hat dich der »Spiegel« als »Flachmann des deutschen Films« und »mäßig

Kein Regisseur ist unsterblich

*begabten Regisseur« bezeichnet. Verletzt dich solche Kritik? Wie ist
dein Verhältnis zur deutschen Filmkritik?*

Kritik gehört für mich zur Filmkultur genauso dazu wie das Filmemachen. *(zögert)* Kultur ist für mich ein Comic genauso wie Goethe –
da sind wir schon beim Stichwort »Ästhetik« – oder das Design einer
Coca-Cola-Flasche; das ist für mich ebenso interessant wie das
persönliche Schicksal von jemandem, der dauernd Coca-Cola trinkt
und dadurch irgendwann einen kaputten Magen hat. Wie gesagt,
Kritik gehört für mich zur Filmszene genauso dazu wie die Macher.

Ich finde, Kritik bedeutet schon von ihrer Definition her »zwei
Pole«, und das muß auch so bleiben. Kritik muß aggressiv sein,
unabhängig bleiben und die Freiheit zum Argumentieren haben bis
hin zum »Flachmann«.

Obwohl sich da auch schon einiges geändert hat. Sie schreiben
schon »mäßig talentiert«, also kommt »talentiert« immerhin darin vor.
Wenn man z. B. im »Spiegel« zwischen den Zeilen lesen kann, dann

107

heißt das nichts anderes als »jetzt hat er's gelernt«. Das ist schon ein Unterschied zu früher, wo sie noch »Flachmann« geschrieben haben. Wobei mir Leute, die immer einen »Flachmann« bei sich haben und daraus trinken, gar nicht so unsympathisch sind.

Aber jeder Kritiker ist anders. Ich kenne viele Kritiker, die hier sozusagen die Meinungsmacher sind, sehr gut. Wir gehen miteinander toll essen und verstehen uns phantastisch, und trotzdem haben sie immer die Möglichkeit, mich persönlich anzumachen, ohne daß ich sauer bin. Und das mögen sie wiederum an mir.

Mich kannst du total niedermachen, das macht mir gar nichts aus. Die Regina (Ziegler – d. Verf.) kommt oft mit einer ganzen Latte von Kritiken und sagt: »Guck dir mal an, wie die dich in die Pfanne gehauen haben . . .« *Sie* ärgert sich, ist sauer und schreibt Briefe oder so. Die Jeremias von der »*FAZ*« hat einmal eine tolle Kritik über Die Brüder geschrieben, allerdings dagegen, und gemeint, das sei Quark. Daraufhin habe ich zur Regina gesagt: »Weißt du was? Schick der doch einfach Quark!« Das hat sie auch gemacht und dazugeschrieben, Quark sei doch eine tolle Volksnahrung. Seitdem haben wir einen tollen Kontakt zur Jeremias, weil die einfach kapiert hat, daß da nicht nur zwei Leute sitzen, die überlegen, wie sie Geld machen können, sondern daß da eine Idee hintersteckt, auch wenn die ihr nicht zusagt.

Das bringt mich auf die Frage nach deinen handwerklichen Fähigkeiten. Welche Ansprüche stellst du da an dich selbst?

Ich möchte mich da mit Fassbinder vergleichen, denn wir haben immerhin anderthalb Jahre zusammengearbeitet. Fassbinder war sozusagen ein Frühstarter. Schon seine ersten Filme, die vom professionellen Standpunkt her eigentlich indiskutabel waren, hatten etwas ganz Besonderes, nämlich seine Persönlichkeit, den Einsatz seiner ganzen Person. Ich glaube, daß das damals auch seine einzige Chance war, etwas machen zu können.

Bei mir ist es anders. Ich werde mit der Zeit immer besser. Wir haben oft über dieses Phänomen gesprochen. Er hat immer gesagt: »Ich verstehe nicht, warum *du* immer in die Pfanne gehauen wirst.« Er hat sich daraufhin eine Woche lang jeden Abend meine Filme angesehen, und dann hat er gesagt: »Du bist ja ein Autorenfilmer!« Als wir uns noch nicht persönlich kannten, hatte er durch mein Image in der Öffentlichkeit nämlich den Eindruck, ich würde Filme nur vom Handwerklichen her sehen.

Können ist zu 98 % die Grundlage fürs Filmemachen. Das ist eine Geschichte, die man lernen muß. Und man kann nur lernen, indem man Filme macht, in denen man was riskiert. Wenn ich immer wieder von einem Genre ins andere wechsle, riskiere ich etwas auf diesem Gebiet, indem ich immer wieder Sachen lernen muß und Fehler mache. Gleichzeitig wird an mich der Anspruch gestellt, daß meine Filme beim Publikum ankommen. Ich glaube, dadurch, daß ich die verschiedensten Genres gemacht habe, eine Art von Professionalität entwickelt zu haben, die für mich eine Basis ist. Ob das von der Öffentlichkeit oder Kritik akzeptiert wird, kann noch eine Weile dauern, es kann aber schon morgen passieren. Für mich ist Professionalität jedenfalls eine Basis, auf der ich meinen nächsten Film machen kann.

Erfolgreich zu sein, heißt für mich, meinen nächsten Film machen zu können, und zwar den Film, den ich machen will.

In KAMIKAZE *konnte man Rainer Werner Fassbinder zum letzten Mal vor der Kamera erleben. Wie war denn die Zusammenarbeit zwischen diesem Aushängeschild des »neuen« deutschen Films und dem »Gemm«, wie er dich ja genannt haben soll?*

Solche Wortspiele liebte er. Er hat immer die Namen verändert. Worüber sich viele Leute geärgert haben, weil sie glaubten, er wolle sich über sie lustig machen. Doch das stimmte überhaupt nicht. Ich hab' zu ihm »Fußbinder« gesagt, da hat er sich totgelacht. Der hatte einen unheimlichen Humor.

Doch zurück zu meiner Frage: Hat es keine Schwierigkeiten gegeben zwischen dem Schauspieler/Regisseur Fassbinder und dem Regisseur Wolf Gremm?

Fassbinder war in erster Linie Schauspieler. Für mich war er ein Schauspieler, der auch Regie führte. Allein, wenn man sich mal die Bilder von ihm ansieht – ich sage immer »die Kostümpolitik vom Rainer« –, wie und wo er aufgetreten ist, das war exzellent. Ob er nun in seiner Schmuddel-Lederjacke auftrat oder im weißen Anzug. Ehe wir aus dem Haus gingen, zum Beispiel zu einer Premiere, war die Frage immer, was zieht er an. Es dauerte ewig. Trägt er nun eine lila Krawatte oder etwas anderes ... Deswegen hat er auch das Leopardenkostüm sofort gemocht. Jeder andere Schauspieler hätte doch sofort geschrien: »Ein deutscher Polizeileutnant in einem Leopardenkostüm? Spinnst du?«

Da sind wir uns übrigens sehr ähnlich. Ich brauche auch immer eine gewisse Zeit, bis ich irgendwelche Klamotten gefunden habe, in die ich reinpasse, in denen ich mich wohl fühle. Das ist so eine unheimlich menschliche Form von Eitelkeit, die ich sehr mag.

Fassbinder wußte genau – weil er auch Regisseur war –, daß du als Hauptdarsteller nie du selbst sein kannst. Dein Spiegel ist der Regisseur, du bist auf ihn angewiesen. Das heißt, entweder du machst was mit ihm oder nicht. Und Fassbinder hatte genug Angebote, in deutschen und internationalen Streifen zu spielen.

Ich habe ihm die Rolle bei der LILI MARLEEN-Premiere angeboten, ihm das Buch in die Hand gedrückt und gesagt: *Du* bist das, du spielst das nicht, sondern du bist für mich dieser Polizeileutnant, dieser häßliche Deutsche, fett, schwitzend, unsympathisch. Du hast alles, was dieser Typ haben muß.« Da hat er gesagt: »Das ist 'ne tolle Rolle. Die spiel ich«, weil ihm sofort klar war, daß das eine tolle Idee von mir war. Und dann sagte ich zu ihm: »Aber eins ist klar: Das wird ein Gremm-Film.« Da hat er gegrinst und gemeint: »Is o. k.« Und wenn man sich meinen Film ansieht, erkennt man auch, daß es ein Gremm-Film geworden ist.

Bleiben wir bei deinen Filmen. Wer hat sie beeinflußt, wer waren deine Vorbilder?

Orson Welles. Und zwar TOUCH OF EVIL mehr noch als CITIZEN KANE. John Huston. Preston Sturges. Von den neuen Leuten Brian de Palma und Sam Fuller. SHOCK CORRIDOR finde ich in dieser Richtung am interessantesten. Diese Leute sind alle in einem anderen Klima aufgewachsen. Wir leben dagegen in einem Klima, wo jeder kritisiert wird, der einfach arbeitet oder »wüst rangeht«, um mal die Worte zu gebrauchen, die über mich gesagt werden. Alles soll so subtil sein. Um Gottes willen kein Blut in einem Horrorfilm! Psychothriller – aber fein ziseliert!

Das Kino, das ich liebe, war immer so, daß es voll ranging. Das hat mich interessiert. Aber das hat nichts mit den Zuschauern zu tun, sondern mit mir. Das heißt, daß ich mit sämtlichen Mitteln, die möglich sind, umgehe, vor nichts zurückschrecke.

Weil du mich vorhin nach meiner Beziehung zur Kritik gefragt hast: Ich glaube, daß hierin solche Reaktionen bis hin zur Gehässigkeit begründet liegen, wo Leute, die so etwas gelesen haben, zu mir kommen und fragen: »Was ist denn hier los? Hast du den mal beleidigt oder was?« Und ich sage dann: »Ich kenne den überhaupt nicht.« Ich finde, das gehört dazu. Ich kann mir ja schließlich nicht aussuchen, wie ich bin, und offensichtlich bin ich jemand, der Aggressionen auf sich zieht.

Hast du eine Ahnung, woran das liegen könnte?

Wahrscheinlich, weil ich so eine Direktheit habe, was du auch in meinen Filmen sehen kannst. Oder als ich damals gesagt habe: »Ich mach' einen kommerziellen Film«, da gab es in der Szene einen riesigen Krach.

Du hast immer mit Regina Ziegler als Produzentin zusammengearbeitet. Glaubst du nicht, daß auch das ein Grund für die Kritik an deiner Person ist, daß man dir vorwerfen könnte, da spielen weniger künstlerische als vielmehr persönliche Gründe eine Rolle?

Meinst du, daß man sagen könnte, wenn es die Regina nicht geben würde, könnte ich keine Filme machen?

Genau.

Ja, richtig. Ich kann mir vorstellen, daß man das denken könnte. Nur waren das alles Co-Produktionen. Es ist wirklich eine Lieschen-Müller-Vorstellung, zu glauben, daß Regina Geld kriegt, nur weil sie clever ist oder jemanden über den Tisch ziehen kann oder ihm schöne Augen macht. Da geht es knallhart zu. Die Finanzierung konnte sie nur machen, weil Leute das Geld dazu gegeben haben, die an *mich* glauben. Das ist der Punkt. Sonst hätte sie das Geld doch gar nicht gekriegt. Sie macht das mit vielen anderen Regisseuren auch, und das ist schwierig genug.

Ich habe neulich mit dem Rohrbach über die Bavaria gesprochen, die sind ein mittelständisches Unternehmen mit etwa 800 Leuten. Für Filmproduktionen von Kleinunternehmen, und wir sind halt Kleinunternehmer, ist die beste Art immer ein Familienbetrieb. Nimm z. B. Trotta und Schlöndorff, das ist doch das gleiche. Da wird nur nie drüber geredet. Oder nimm Senta Berger und Verhoeven. Oder nimm – wie heißen die noch mal – Nüchtern mit seiner Frau. Wenn du dich umguckst, findest du das eigentlich überall.

Weil aber die Regina so einen großen Namen hat, steht das bei uns natürlich mehr im Vordergrund, das ist vollkommen klar. Ich habe inzwischen auch die Konsequenz daraus gezogen und arbeite jetzt für andere Produzenten. Wir machen nur noch das, was sich so ergibt, zusammen. Und ich besorge mir auch Co-Produktionen, wo sie miteinsteigen kann, warum auch nicht?

Du hast vorhin gesagt, du würdest von einem Filmgenre zum anderen springen. Vergleicht man einmal deine Filme miteinander, so fehlt mir die individuelle Handschrift. Wo ist da der Wolf Gremm?

Der Wolf Gremm ist noch sehr versteckt. Man hat mich mal von der Uni Bonn zu einem Wochenendseminar eingeladen, auf dem alle meine Filme liefen. Ich habe sie mir auch alle angesehen, obwohl ich zunächst unheimliche Angst davor hatte, und fand das schließlich ganz toll. Also ich würde sagen, ich habe da so eine Identität mit mir entdeckt. Ich glaube, daß der Gremm jetzt immer mehr rauskommt, sozusagen über das Medium selbst, mehr über das Professionelle, das Handwerkliche, weniger über die Idee.

Ich entferne mich immer mehr davon, eine Idee darstellen zu wollen. Ich erkenne immer mehr, daß die Idee immer unwichtiger wird, denn die Idee bin ich selbst, sie ist meine Person. Und ich selbst bin paradox, kann mich nicht erkennen, bin mir ein Rätsel. Deshalb mache ich auch so verschiedene Filme – mal den und mal den und mal den. Ich versuche herauszukriegen, was mit mir los ist. Und das kann ich nur, wenn ich Filme mache. Ich glaube, daß das die Leute auch interessiert.

Wen du einen Artikel schreiben solltest: »Wer war Wolf Gremm?«, was würdest du dann schreiben?

Wolf Gremm war irgend jemand, der besessen davon war, so etwas wie Wahrheit über sich herauszufinden und immer Türen vor sich hatte und immer durchs Schlüsselloch guckte...

Was denn für Türen?

Zue Türen. Und durchs Schlüsselloch guckte und den Ausschnitt, den er da sieht, filmt. Und ab und zu gelingt es mir, daß sich eine Tür öffnet wie von selbst, ohne daß ich es will. Und dann bin ich in einem Raum, den ich sehr schnell erkenne, und da gibt's dann wieder eine Tür. Und ich habe wieder die gleiche Situation. Ich kann das auch mit einem Satz in einem richtig schönen, schlechten Englisch sagen: »It's better to travel as to arrive.«

Der nächste Schritt führt also immer ins Unbekannte. Aber ich weiß, wenn ich meinen Beruf ernst nehme, und das mache ich, dann muß ich immer wieder lernen. Lernen, besser zu lernen, von allem, von anderen.

Für mich ist Fassbinder überhaupt nicht tot oder eine große Lücke oder sonst etwas. Die Leute sollten sich alle mal seine Filme ansehen.

Es wird ja berichtet, daß du mit Fassbinder im gleichen Zimmer zusammenwarst, als er starb...

In seiner Wohnung. Ich war damals gerade dabei, die Dokumentation zu KAMIKAZE zu schneiden, und er rief mich an und sagte, ich solle das doch besser in München machen. Er hatte so eine Phase, in der er sich ziemlich allein fühlte. Das war genau einen Tag vorher. Ich war in der Wohnung und hab mir Godards PASSION angesehen, die er sich gerade auf Video besorgt hatte. Ja, ich war da und hab' ihn dann auch... *(bricht ab)*

Fühlst du dich als sein geistiger Erbe?

(denkt lange nach) Wir sind total gegensätzlich gewesen, wie Katz und Maus. Er liebte die Provokation. Er sagte immer: »Ich sage stets das, was der andere nicht erwartet, immer das Gegenteil.« Das hat er im Prinzip auch gemacht. Aber es gab auch eine starke Verbindung zwischen uns. Wir sind nämlich beide Kampfkolosse, schon physisch, und ich glaube auch seelisch. Nein, das ist Quatsch, ich bin Fisch, und das ist was anderes. Wahrscheinlich bin ich empfindlicher als er, obwohl ich nie so wirke ...

Glaubst du tatsächlich an Astrologie?

Wenn ich zu einer Wahrsagerin hinkomme, ist es meist so, daß sie stundenlang mit mir über ihr Leben redet. Ich habe so eine tolle Fähigkeit, zuzuhören ... deshalb gehe ich ja da hin.

Aber ich glaube nicht daran, daß mir jemand sagen kann, wo es langgeht. Selbst wenn ich die Zukunft voraussagen könnte, würde ich das nicht wissen wollen. Andererseits, wenn sich wie in Unheimliche Begegnung der dritten Art das Türchen vom UFO öffnet, würde ich einsteigen. Das ist übrigens auch so ein Film, den ich sehr mag, weil ich ähnliche Erfahrungen gemacht habe, die muß der Spielberg auch gehabt haben ...

Was heißt »ähnliche Erfahrungen«? Hast du etwa Kontakt mit UFOs gehabt?

Ich habe mich mit fünfzehn unheimlich intensiv mit UFOs beschäftigt. Dann lange Zeit nicht mehr. Erst durch den Spielberg-Film bin ich wieder draufgekommen. Ich glaube, daß es solche Dinge gibt. Im Film wird das dann umgesetzt, da kommt so ein Ding mit Soundtrack: Oouuuh! und sieht aus wie ein Kronleuchter. Das fand ich auch ganz toll, das Ding wie einen Kronleuchter zu machen, denn dadurch ist es den Leuten bekannter, sie vertrauen ihm mehr.

Wie kommt man sonst zu den Leuten rein? Es gibt einen ganz starken Trend, daß die immer mehr zu sind, weil so viel auf sie einknallt, daß sie einfach zumachen. Das ist eine Schutzreaktion, die eigentlich gar nicht falsch ist. Aber paradoxerweise versuche *ich* natürlich reinzukommen.

Was versprichst du dir davon? Eine bessere Wirklichkeit, ein höheres Bewußtsein?

Gemeinsamkeit. Ich fühle mich dann nicht so allein. Deswegen mache ich Filme, weil ich mich eigentlich unheimlich allein fühle – nicht einsam – und das auch liebe. Andererseits habe ich auch ein ungeheures Bedürfnis, kollektiv geborgen zu sein.

Regina Z.: Für Wolf gäbe ich mein letztes Mieder her...

Ich habe oft so ein Gefühl, wenn ich vier Wochen rumgerannt bin wie ein Depp und habe DALLAS angeguckt und jeden Abend die TAGESSCHAU und auf einmal eine Idee habe, von der ich weiß, daß die viele andere auch haben.

Der Norman Mailer hat mal gesagt, ein guter Film sei wie eine göttliche Suppe, in der alles drin ist. Das find' ich toll. Mein Individualismus, den ich in meiner Arbeit vertrete, ist für mich kein Gegensatz dazu, zu versuchen, den Sprung zu schaffen, wie ich ihn im Kino liebe.

Ich kann mir einen Film oder eine Videokassette ansehen, der (MGM)-Löwe brüllt, und etwas öffnet sich, und ich bin bereit. Aus dieser Liebe zu den Zeichen heraus habe ich übrigens auch das Regina-Ziegler-Emblem entworfen, das ja so ähnlich ist. Ich habe dann das Gefühl, für anderthalb Stunden einzusteigen. Und das finde ich toll. Da fühle ich mich nicht mehr allein.

Hans-Christof Stenzel (1935–).

»Wir Filmemacher wissen immer, wo wir das Geld für den nächsten Film herkriegen – wenn nicht vom Staat, dann eben über Video oder so«, verkündete ein selbstsicherer Hans-Christof Stenzel am Tresen, als er gefragt wurde, ob er nach dem Mißerfolg seiner vorangegangenen Filme überhaupt noch mit Geld für künftige Projekte rechnen könne.

Dieser Hans-Christof ist schon ein Könner: Die Finanzierung seines bislang »größten« Films, OBSZÖN – DER FALL PETER HERZL (1981), besorgten ihm Dumme aus dem BMUK. Das BMUK ist das österreichische Bundesministerium für Kunst und Unterricht.

OBSZÖN ist die nur oberflächlich satirische Geschichte vom arbeitslosen Wuppertaler Diplomsoziologen Peter Herzl (Volker Spengler), der auf der Fahrt von Jugoslawien nach Hause ein terroristisches Anhalterpärchen aufliest. Dankbar zwingen die beiden Herzl, nachdem er sein Auto voller Entsetzen in einen Graben gesteuert hat, einige inkriminierende Zeilen auf einen Zettel zu schreiben und seinen Namen drunterzusetzen. Wenig später werden die Terroristen gefaßt und verpfeifen ihren angeblichen Komplizen, nach dem augenblicklich eine Großfahndung eingeleitet wird. Der Gesuchte findet Unterschlupf in einer Sozialwohnung im Wiener Karl-Marx-Hof, bei der aufrechten Prostituierten Kathie (Lydia Kreibohm) und ihrer frühreifen Tochter Edeltraud (Karina Fallenstein). Zwischen den dreien entwickelt sich, was Stenzel unter einem innigen Liebesverhältnis versteht. Zum Schluß wird statt Herzl Kathies übler Zuhälter Joe (Hanno Pöschl) von der aufmarschierten Heimwehr erschossen. Zwischendurch sieht man Ex-Ekel Alfred (Heinz Schubert) in der Rolle des Dr. Dieter Flake auf seinem Sofa mit einer aufblasbaren Gummipuppe beschäftigt. Dr. Flake ist übrigens der Leiter des AFADU (Amt für antidemokratische Umtriebe). In geradezu bemerkenswerter Weise ist es Stenzel gelungen, auch den allerletzten Witz aus der Story zu kehren und, als Ersatz, einen Haufen idiotischer Sprüche unterzubringen, etwa:

»Dem Europäer erfüllt sich beim Abwasch
der Zen-Buddhismus«
oder
»Die Geradlinigkeit der Gedanken
liegt im Tee«.

Außerdem hat er wie ein Wilder in dem Film herumgeschnitten, bis sich kein Aas mehr darin zurechtfindet. Kurzum: ein Machwerk, so wirr wie die Persönlichkeit, die es verbrochen hat!

Man darf mit einiger Wahrscheinlichkeit folgern, daß mit OBSZÖN nichts weiter bezweckt war als eitle Selbstdarstellung eines Filmema-

Szene 17, die Fünfzigste

chers (ein Vorwurf, den Stenzel natürlich kilometerweit von sich weist, und zwar mit einer derartigen Penetranz, daß schon was Wahres dran sein muß). Wolfram Schütte von der »Frankfurter Rundschau« hatte nämlich zu behaupten gewagt, Stenzel habe schon eine ganze Reihe von Filmen gemacht, **ohne daß das jemand aufgefallen wäre**.

Und das, obwohl dem guten Stenzel, wie uns im wirklich lesenswerten Presseheft des »obszönen« Films offenbart wird, die Kamera sozusagen in die Wiege gelegt wurde!

Immerhin hatte seine Mutter an den Dekorationsbauten der Fritz-Lang-Filme DIE NIBELUNGEN und METROPOLIS gewerkelt: »Seitdem erhebliche Filmphobie der ganzen Familie; deswegen wurde ein Vetter Filmproduzent (Eberhard Junkersdorf) und ich Filmemacher.« Der Vater, der auch eine Zeitlang mit Bauten zu tun hatte, indem er sich im Baugeschäft versuchte, »leitete mit einer grandiosen Geschäftspleite 1964 die erste Krise des Deutschen Wirtschaftswunders ein; daher meine Lust an Potemkinschen Dörfern« (Einsicht in diesem Fall nicht unbedingt der erste Schritt zur Besserung).

»Erste große unglückliche Liebe 1942 beim Schlittenfahren auf dem Bandelberg, Lippe-Detmold, zu einem Mädchen der Kinder-Landverschickung aus Berlin; als Maria K. kurz darauf einem Flächenbombardement zum Opfer fiel, schrieb ich mein erstes Drehbuch und beschloß Filmemacher zu werden.« Stimulierend am Anfang, hinderten ihn andere Liebschaften später am Aufbau einer erfolgreichen Karriere: »Verpaßte das ›Oberhausener Manifest‹, da eine größere erotische Affaire meine Anwesenheit verhinderte . . .«

Sein Frühwerk war vergessen, noch ehe es zur Aufführung gelangte: ADHÄSION I + II (1955), 16 mm; DER MÜDE WINTER STIRBT IN DEN BERGEN (1957), 35 mm, 9 Minuten; DIE MATRONE VON EPHESUS (1962), TV-Film, 35 mm, 80 Minuten; DER PARASIT (1963), TV-Film, 35 mm, 80 Minuten; DER ANFANG EINER WOCHE (1964), 35 mm, 66 Minuten; DER NEFFE ALS ONKEL (1966), TV-Film, 35 mm, 70 Minuten; STAUB, DER AN ASCHE ERINNERT (1967), TV-Film, 16 mm, 52 Minuten; BLUMEN DES BÖSEN (1967/68), TV-Film, 16 mm, 30 Minuten, usw.

Richtig »aufwärts« ging es erst, als ihm seine zweite Frau, die Rose(marie), eine »nahezu totale Triebsublimierung durch Filmemachen« gestattete und später auch noch als Produzentin seine furchtbarsten Filmideen realisieren half.

Nachdem er »auf dem 1. Hamburger Filmfest (69) den Wiener Non-Cineasten und F&P-Künstler (Fick und Piss) Otto Mühl (später AAO-Guru) erfolgreich ›for president‹ ausgerufen hatte«, zog es ihn und Rosemarie nach München, wo dem Ehepaar eine Dozentur an der Hochschule für Film und Fernsehen angeboten wurde: »Nun ist seit Kurt Eisner München kein Pflaster mehr für Revolutionäre, so beschränkten sich die revolutionärsten Aktionen unserer progressivsten Studenten (Gloria Behrens, Rainer Gansera, Klaus Emmerich, Peter F. Bringmann, Wim Wenders) darauf, nach mutig durchzechter Nacht Godard zu zitieren oder in großen, weißen Lettern C-I-N-E-K-O-M-M-U-N-I-S-T an die Mauerwand ihres Institutes zu pinseln, während wir, ihre Dozenten, Schmiere standen, damit niemand den Kindern was tue. Doch aus einigen wurde auch was: Michael Schanze, dem jungen Fritsch, Dagmar Damek und einem jungen Priester, der drei Kinder zeugte, woran wir nicht ganz unschuldig sind.«

Unschuldig waren die beiden auch nicht an drei Spielfilmen, die den

Ruhm Hans-Christofs endlich mehren sollten:

– C'est la vie Rrose – ein Junggesellenspiel (1976/77), der allenfalls Kennern des Werkes von Marcel Duchamp, dem der Film gewidmet ist, verständlichen Geschichte vom US-Trip des Zwitterwesens Rrose Sélavy. Der Film endet damit, daß Rrosy, von einem homosexuellen Kriegsveteranen ermordet, am Strand liegt, eine Öllampe in der Hand, die an das Bild der Freiheitsstatue erinnert.

– Sufferloh – Von heiliger Lieb und Trutz (1978/79), ein der weltbekannten Einsiedelei Sufferloh, wo Hans-Christof und Rosemarie neun Jahre lang ihr Domizil hatten, gewidmetes Märchen: Der Bullerer und das Kind Mütze finden auf dem Altar der dörflichen Kapelle einen Goldfisch, der mal ein Mädchen war, in das beide in Liebe entbrannt waren. Sie machen sich auf, den Fisch im »heiligen Wasser« der Isar auszusetzen.

– Marmor, Stein und Eisen bricht (1980/81): Der schwule Erwin von Borkowski (Heinz Schubert) schreibt Hotte Bibermann (Volker Spengler) ein Lied, welches seinerzeit dem in einer Nebenrolle agierenden Drafi Deutscher Starruhm einbrachte und im Film bis zum Erbrechen gedudelt wird. Mit diesem Werk wollte Stenzel gleichzeitig den von ihm kreierten Begriff **Stino** in die deutsche Sprache überführen, ein kühnes Vorhaben, dem nur leider bei ca. 6500 zahlenden Zuschauern bundesweit kein Glück beschieden war. Wenigstens hier, trotz aller Feindschaft, wollen wir das Geheimnis der genialen Sprachschöpfung lösen: ein **Stino,** das ist ganz einfach ein **Stinknormaler.**

Nach diesen Filmen war Stenzel, obwohl ihm der für die Vergabe des Deutschen Filmpreises zuständige Blindenausschuß 1977 ein Filmband in Gold für Regie, Drehbuch und Musikdramaturgie von C'est la vie Rrose zuerkannt hatte, freilich immer noch nicht berühmt.

Folglich ruhten alle seine Hoffnungen auf dem Geniestreich Obszön und, was den nicht unwichtigen Berliner Start des Filmwerks anging, auf der brüderlichen Schützenhilfe durch das stadtbekannte »tip-Magazin«. Vor Beginn der Pressevorführung ermahnte der tüchtige Stenzel den aufmarschierten »tip«-Rezensenten, nur ja auch Helga Goetze nach ihrer Meinung zu fragen, auf daß sein Streifen in der Kritik solcherart gleich das nötige »anrüchige« Flair kriege.

Schließlich war es das erklärte Ziel seines PR-Mannes Laurens Straub, den Film so obszön wie möglich zu verkaufen, subversiv eben, »d. h. er (Straub) lockt Leute in den Film, die eigentlich in **den** Film gar nicht gehen wollten, verspricht Wichserei, einen lustigen Pimmel und noch andere Schweinereien, rechnet auch mit dem Schock der enttäuschten Voyeure, setzt aber gleichzeitig auf die Irritation, und zwar nicht zuletzt bei denen, die mit falscher Erwartungshaltung in den Film gingen und bei denen er – teilweise zumindest – mit einer Beunruhigung durch den Film rechnet, was zu Reden über und Auseinandersetzungen um den Film führt, also Mundpropaganda, aber auch Vermittlung des ›subversiven‹ Inhalts... Laurens hatte dabei den sogenannten normalen Kinogeher im Auge, nicht den kaputten Kritiker und sicher nicht den tumben Tor à la R. G.« (Stenzel in einem Brief) Denn einer wie ich hätte das Werk eigentlich gar nicht besprechen dürfen – ein augenzwinkender Fauxpas der »tip«-Redaktion: Langweilig, wie er war, reihte ich den Film im »tip« unter der Rubrik »uninteressant« ein.

Stenzel: »Wenn du einen Film langweilig findest und sagst, du hast gegähnt, dann wäre es nur fair zu sagen: Ich rezensiere den Film nicht.«

Giesen: »Warum denn? Was hast du denn für eine Meinung von Filmkritik? Einen Film nur dem Kritiker zu überlassen, der ihn gut findet?«

Stenzel: »Nee, der auf den Film reagieren kann!«

Giesen: »Ja, ich hab' doch auf den Film reagiert. Ich hab' gegähnt. Das ist doch 'ne Reaktion.«

Stenzel: »Ich möchte natürlich Reaktion von den Kritikern, und ich akzeptiere selbstverständlich auch Verrisse, bloß eines akzeptiere ich nicht: Wenn mir jemand sagt, die Sache ist langweilig, ich hab' gegähnt. Dann kann ich mit dem über den Film nicht reden, dann sag' ich mir: Okay, wir haben über diesen Film keinerlei Kommunikationsmöglichkeit.«

Giesen: »Ganz recht. Wahrscheinlich haben wir sehr unterschiedliche Antennen.«

Stenzel: »Das heißt, wir können uns über das Medium Film nicht unterhalten. Und da hätte ich es fair gefunden, wenn im ›tip‹ dringestanden hätte: Ich hab' mir den Film angesehen, ich kann damit überhaupt nichts anfangen, über den Film kann ich nichts sagen.«

Giesen: »Aber ich konnte doch was sagen. Ich fand das langweilig. Vielleicht hättest du dem Film Rolltitel voranstellen sollen, wo du sagst, was du mit dem nachfolgenden

Streifen im Sinn hast. Damit auch einer wie ich weiß, was er zu schreiben hat . . .«

Stenzel: »Wie meinst du das jetzt? Meinst du das ironisch? Hehehe.«

Edward D. Wood jr. (1922–1978).

Blitze zucken. Ein Gewitter der übelsten Sorte. Regen prasselt auf zwei unglückliche, aber bewaffnete Gestalten, die zu einem einsamen Haus irgendwo im Sumpfgebiet eilen. Leise klopfen sie an die Tür.

Und obwohl die tobenden Elemente ihr zaghaftes Klopfen übertönen, wird im gleichen Moment geöffnet.

Vor ihnen steht, unheilschwanger, der schwerhörige Bela Lugosi in der denkwürdigen Rolle des offensichtlich verrückten Dr. Eric Vornoff, der die beiden wenig freundlich empfängt:

»Go Away – Now – Go – Go – Go.«

Von der anderen Seite nähert sich mit erhobenen Armen des Doktors hünenhafter Assistent Lobo, der einen so abscheulichen Eindruck hinterläßt, daß die Männer augenblicklich ihr Vorhaben aufgeben: den an einer Rasse atomarer Supermänner werkelnden Vornoff zu verhaften. Lieber machen sie von der Möglichkeit der Flucht Gebrauch.

Doch einem Widerling wie Vornoff reicht ein solcher Triumph nicht:

Er läßt die Flüchtenden – ohne Warnung, einfach so! – in die Arme, Verzeihung: Tentakel seines Riesenoktopus laufen.

Dieses wahrhaft fürchterliche Ungetüm hatte der Regisseur in der Rumpelkammer des Republic-Filmstudios aufgelesen (wo es seit seinem letzten Auftritt mit John Wayne, in WAKE OF THE RED WITCH, vermoderte). Leider passierte beim Abtransport der (Gummi-)Bestie das peinliche Malheur, daß ein Tentakel irreparabel brach. Dennoch hatte der Regisseur keine Skrupel, genau dieses gebrochene Tentakel munter im Bild schwingen zu lassen, während sich einer der zwei Männer eigenhändig in die anderen, unbeweglichen Fangarme einwickelte, worauf ihn das Monster – mit dem Charme eines nassen Regenmantels – unwiderruflich in die Tiefe eines Tümpels zog (für dessen Herstellung so viel Wasser benötigt wurde, daß dabei ein angrenzender Golfplatz überschwemmt und für Tage unbrauchbar gemacht wurde).

So ungeheuer beginnt der Horrorschocker BRIDE OF THE MONSTER (auf gut deutsch: Die Rache des Würgers) von 1955. Regie: *Edward D. Wood jr.* Für viele der schlechteste Filmemacher aller Zeiten.

Die »Idee« dieses ursprünglich THE ATOMIC MONSTER geheißenen Projekts stammte von dem unscheinbaren Alex Gordon, einem Freund von Bela Lugosi, welchen er erbarmungslos mit Eddie Wood zusammenbrachte.

Wood war damals die rechte Hand von John Carpenter. Nein, nicht des John Carpenter, der mit HALLOWEEN gruseligen Ruhm erntete, sondern eines fünftklassigen Cowboy»stars«, der großkotzig von sich behauptete, einen ganzen Spielfilm für schlappe 17 500 Dollar realisieren zu können. Ausgerechnet mit diesem 17 500-Dollar-Mann ließ sich Gordon ein – unvorsichtig, weil er partout Filmproduzent werden wollte. Das Wagnis endete damit, daß Alex 57 000 Dollar Schulden auf dem Buckel hatte für einen zu Recht in Vergessenheit geratenen Western mit dem Dutzendtitel THE LAWLESS RIDER.

Obwohl Wood, der einen haarsträubend unprofessionellen Produktionsplan aufgestellt hatte, an dem Desaster nicht ganz unschuldig war, wurden Gordon und er gute Freunde, dank des gemeinsamen Faibles für Gene Autry, Buck Jones und Boris Karloff. Der erste reguläre Gordon/Wood-Film war BOB STEELE OF THE BORDER PATROL, d. h. wäre es gewesen, hätte nicht die Produktionsfirma (Commodore Pictures) Konkurs anmelden müssen, bevor die erste Klappe fiel.

Ihr zweites Projekt, besagtes ATOMIC MONSTER, segelte unter dem Banner Angora Pictures – denn Eddie war ein begeisterter Angora-Fan: In all seinen Filmen trug die Hauptdarstellerin etwas aus Angorawolle. In THE ATOMIC MONSTER respektive BRIDE OF THE MONSTER ein Angoramützchen, von dem der Riese Lobo derart fasziniert ist, daß er es ihr vom Kopf reißt und ständig bei sich trägt, ja, die Heldin um des Mützchens willen sogar vor dem Zugriff Vornoffs rettet und den Finsterling an seine eigene Höllenmaschine fesselt, worauf der sich – schwuppdiwupp! – in ein gräßliches Atommonster und kurz darauf in einen schicken Atompilz verwandelt.

Mit diesem grandiosen Skript unter dem Arm klopften Gordon und Wood bei verschiedenen Produzenten und Agenten an, aber die Sache verlief im Sande. Bis dann Eddie, während Alex mit Gene Autry auf Tournee in England war, doch noch ein bißchen Geld auftrieb und den Film auf eigene Faust machte.

Wie er zu dem Geld kam?

Hat er eine kleine Bank überfallen? Nicht doch!

Hat er eine reiche Witwe ermordet? Mitnichten!

Hat er es etwa auf der Straße gefunden? Ich bitte Sie!

Nein – es war viel einfacher: Er kriegte es von der Kirche!

Von der Kirche??? Nicht möglich!!!

Wohl möglich. Es waren Baptisten, die einen der dümmsten Horrorfilme der Filmgeschichte finanzieren halfen.

Allerdings mußte, im Gegenzug, die gesamte Filmcrew darin einwilligen, sich von den Baptisten taufen zu lassen. Im Rahmen dieser Zeremonie ereignete sich übrigens folgender Scherz: Als der Geistliche den schwergewichtigen Lobo-Darsteller Tor Johnson, einen schwedischen Exringer mit sonnigem Gemüt, zum dritten Mal ins kühle Naß stieß, tauchte Tor nicht mehr auf. Erschrocken rannte der fromme Mann nach draußen, um Hilfe zu holen, doch als er kreidebleich zurückkehrte, stieg der Schwede, fröhlich Wasser spuckend, mit der ihm eigenen Grazie aus dem Becken und – grinste.

Vor BRIDE OF THE MONSTER hatte Eddie den greisen Bela Lugosi bereits in einem anderen Unglücksfilm mißbraucht, als Kommentator in GLEN OR GLENDA? (1952), frei nach der aufsehenerregenden Geschlechtsumwandlung der Christine Jorgenson. So angetan war Christine von Eddies Drehbuch, daß sie sich strikt weigerte, persönlich in dem Streifen mitzuwirken.

Dafür entschädigt uns reichlich ein Daniel Davis in der Rolle eines Transvestiten, der durch die fürsorgende Liebe seiner Frau »gerettet« wird. Dieser Daniel Davis war niemand anderes als Eddie Wood selbst, und die liebende Gattin wurde verkörpert von einer der schlechtesten Aktricen des Jahrhunderts, der jämmerlichen Dolores Fuller, im Privatleben eine Zeitlang Mrs. Edward D. Wood jr.

Zwischendurch hören wir Wissenswertes aus dem Munde eines Psychiaters, beispielsweise zu Bildern von Autoschlangen:

»Die Welt ist schon ein seltsamer Platz.

All diese Autos!

Alle fahren irgendwohin!

Sie alle transportieren Menschen,

die ihr Leben führen!«

Wie wahr!

Dann schon lieber PLAN 9 FROM OUTER SPACE, eine in ihrer Art einmalige Filmkatastrophe.

Irgendwie war Eddie mal wieder an Geld gekommen, 800 Dollar, und hatte nichts Eiligeres zu tun, als es in einem neuen Film mit Lugosi zu verpulvern. Gemeinsam mit Bela und Tor Johnson begab er sich zum Zwecke von Außenaufnahmen auf einen kleinen Friedhof. Um auch wirklich Spitzenbilder auf das Zelluloid zu bannen, sah man sich gezwungen, diverse Grabsteine ein wenig umzugruppieren. Was Bela

Du gehst jetzt ins Kino und siehst dir einen schlechten Film an!

übrigens gar nicht recht war: Nervös geisterte er auf dem Friedhof umher und entschuldigte sich bei den Toten für diese ungeheure Taktlosigkeit, die einem Sakrileg gleichkam. Aber nach getaner Arbeit, so versprach der alte Ungar hoch und heilig, werde man die Grabsteine gewiß an ihren angestammten Platz zurückbringen. Als die Szenen abgedreht waren, machte das Filmteam allerdings keine Anstalten, Belas Eid Genüge zu tun. Wenn er wolle, könne er die schweren Steine ja allein schleppen – kanzelte man Lugosi ab.

Also blieb die Grabesruhe gestört, und in der Zeitung stand zu lesen:

Ghouls dringen in Friedhof ein!

Doch die Toten lassen nicht mit sich scherzen. Gar furchtbar rächten sie sich an Bela und holten ihn bald darauf heim, so daß Eddie plötzlich ohne Hauptdarsteller dastand.

Eddie freilich wäre nicht Eddie, würde er eines so unbedeutenden Rückschlags wegen die Flinte ins Korn geworfen haben. Er trieb ein, wenn auch nicht sehr ähnliches, Double für Bela auf – und legte los, ließ dem Wahn & Irsinn freien Lauf.

Außerdem holte er sich für den Film einen (Fernseh-)Propheten namens Criswell, welcher für seine falschen Prognosen berüchtigt war (er prophezeite u. a., daß bis 1973 eine Anzahl rein homosexueller Vororte in den großen amerikanischen Metropolen entstehen und die US-Regierung im März 1976 fast ganz New Mexiko an die Indianer zurückgeben würde), und ließ ihn einen gar hanebüchenen Quark von außerirdischen Eindringlingen kommentieren, die sich des Lugosi-Doubles und anderer Leichen bedienen:

»Können Sie die schockierenden Fakten vertragen über die **Grabräuber aus dem Weltall?**«

Schockierend ist jedoch nur die Machart des Films:

die sensationelle Tag-Nacht-Gleiche

(Tag und Nacht wechseln ständig – in ein und derselben Szene.)

das wahrhaft erstaunliche Interieur

(Das Raumschiff der Außerirdischen ist mit alten Holztischen ausgestattet, auf denen höchst merkwürdige, bisweilen an ausgediente Radioempfänger erinnernde Instrumente stehen, und vermittelt den entfernten Eindruck einer Durchschnittsgarage.

Im Pentagon kauert ein ranghoher General in einer winzigen Amtsstube, die aber immerhin über zwei Telefone verfügt.)

& last not least

die als Untertassen fungierenden Pappteller

(kein Kommentar!!!)

Sicher ist:

PLAN 9 war der absolute Knüller in Eddies wechselvoller Karriere. Natürlich hat er noch ein paar weitere Filme gemacht. Schlecht auch diese. Sachen, in denen Criswell aus einem Sarg stieg und haarsträubenden Blödsinn von Ghoulies und Ghosties plapperte. In denen sich ein Mädel als Reinkarnation eines Gorillas entpuppte und sich zum Schluß im Urwald einer Gorilla-Gang anschloß.

Oder auch das Krimi-Melodram THE SINISTER URGE (More Madness from the Man Who Gave You »Plan 9 from Outer Space«), in dem es zu folgender nachdenklich stimmender Begegnung kommt:

»Sir, draußen ist ein Steuerzahler, der Sie sprechen will«, meldet ein Polizist Lieutenant Matt Carson.

»Schicken Sie ihn rein.«

Der Steuerzahler erklärt frank und frei, daß er Steuern zahle (nicht möglich!) und Carson von diesen seinen Steuern lebe. Nachdem er sich also als Arbeitgeber eingeführt hat, will er von Carson wissen, warum sich der mit belanglos pornographischen Fällen abgebe, anstatt sein Gesetzesauge auf Mord und Diebstahl zu richten.

Geduldig weist Carson darauf hin, daß Pornographie möglicherweise die Grundlage allen Verbrechens ist, schlimmer noch als Dope.

»Zeigen Sie mir ein Verbrechen, und ich zeige Ihnen einen Film, der es verursacht haben könnte.«

Am Ende etwa einen der lustbetonten Hardcore-Filme, die Eddie, selbst ein überzeugter Transvestit, in seinen letzten Jahren machte?

Dem Nachwuchs eine Chance

Wir schreiben das Jahr 2968.
Ein Filmabenteuer droht zu enden.
Ein Filmabenteuer, das tausend Jahre zuvor begann:
DER EINSAME DER ZEIT.
Der erste »echte« Perry-Rhodan-Film, der 1968 im seit Jahrhunderten
nicht mehr verwendeten Normal-8 mm-Format gestartet wurde und
von dem böse Zungen diffamierenderweise schon behaupteten, er
würde nie fertig werden.

Aber nun, 2968, sind diese üblen Zungen Lügen gestraft: An die
zwanzig Generationen unentwegter Schmalfilmer haben den letztend-
lichen Triumph schmalspuriger Science-Fiction-Filmkunst doch noch
möglich gemacht, der jetzt eine Vorführdauer von drei Tagen hat
(ursprünglich vorgesehen waren »nur« drei Stunden). Ja, ihr nichts-
würdigen Neider und elenden Naseweise: **Wer zuletzt lacht, lacht
(immer noch) am besten!**

Mit jenem EINSAMEN DER ZEIT, der im gleichnamigen 50. Band der
längst in abgrundtiefe Vergessenheit geratenen Perry-Rhodan-Heft-
serie vorgestellt wurde, ist der Arkonide **Atlan** gemeint, ein men-
schenfreundlicher Außerirdischer, den ein Zellaktivator schon seit
Jahrtausenden bei knackiger Jugend hält. In den sechziger Jahren des
20. Jahrhunderts versucht er mit allen Mitteln einen Atomkrieg zu
verhindern, doch als ihm der unvermeidbar erscheint, taucht er in sein
Refugium, eine Unterwasserkuppel auf dem Grunde des Atlantiks,
wo er sich dem Dauerschlaf widmet. 69 Jahre später wacht er auf, um
eventuell Überlebenden des vermeintlichen Atomkriegs zu helfen.
Doch wie sich herausstellt, ist es nie zum atomaren Schlagabtausch
gekommen: Im letzten Moment hat der US-Astronaut Perry Rhodan
die Menschheit geeint und ihr mit interstellarer Raumfahrt ein
vergnüglicheres Ziel gewiesen.

Ausgerechnet in ein Raumschiff, das »Großadministrator« Perry
testen will, schmuggelt sich Atlan als blinder Passagier. Es entsteht ein
wüstes Handgemenge, und die beiden Kontrahenten landen höchst
unfreiwillig auf dem dürftigen Wüstenplaneten Hellgate, wo – nach
härtester Auseinandersetzung – eine wirkliche »Männerfreundschaft«
ihren Anfang nimmt.

Wahrlich – eine große Geschichte, aus der ein noch größerer Film
wurde!

Wie schade, daß die meisten, die an diesem bedeutendsten Schmalfilm der Menschheitsgeschichte mitgearbeitet haben, ihren irren Geniestreich nicht mehr auf der Kinoleinwand werden erleben können!

Doch **einer,** der nicht nur von Anfang an dabei war, sondern das Projekt sogar vor einem Jahrtausend selbst initiiert hat, überlebte wie durch ein Wunder – der Regisseur, Co-Autor (»Wir überlegen alles ganz geanu. Es ist nach einem Drehbuch gearbeitet worden«), technische Leiter und **Darsteller des Atlan: Hans-Joachim Thunack,** Jahrgang 1949.

In dieser Rolle ist er selbst zu einem EINSAMEN DER ZEIT geworden. Die für den Part des Arkoniden unerläßlichen Dauer-Bestrahlungen mit dem einer Höhensonne verdammt ähnlich sehenden Zellaktivator haben ihn sein großes Werk beenden lassen:

»Nun, da der Film fast fertig ist, kann ich beruhigt sterben!«

Fast fertig sollte er eigentlich schon immer sein – DER EINSAME DER ZEIT.

Bereits in Fan-Chroniken aus den sechziger, siebziger Jahren des 20. Jahrhunderts war er fast fertig, doch stets kamen den Filmern neue, angeblich bessere Ideen – und so wurde der Streifen alle 3–4 Jahre »aktualisiert«, sprich: von vorne begonnen.

Yes, It's Real Fanaticism!

(Ein Fanatiker ist, laut Santayana, jemand, der seine Anstrengungen verdoppelt, wenn er sein Ziel aus den Augen verloren hat.)

Oberfanatiker Thunack ist ein Mann, der alles (und alle) »unter Kontrolle« hat:

Die Dekorationen: Die Wände eines futuristischen Hotelzimmers wurden mit Verpackungsmaterial für Arzneimittelflaschen verkleidet.

Raum war auch in der kleinsten Hütte. Leseprobe (aus einem Perry-Rhodan-Magazin): »Für eine Großkulisse wird noch eine Wohnung gesucht.«

Die Locations: Das Pentagon, das in der zwanzig Minuten währenden Pretitle-Sequenz (der längsten in der Geschichte des Films) zu sehen ist, schaut eigentlich gar nicht wie das echte Pentagon aus. Ist es auch nicht. Vielmehr das Institut für Wasser-, Boden- und Lufthygiene in Berlin.

Die Masken und Kostüme: Super ist die deutlich als solche zu erkennende Perücke, die Atlan Thunack im Film trägt (gefertigt von einem waschechten Maskenbildner des Senders Freies Berlin), und

Dr. Horror treibt sein übles Spiel. Der Autor (rechts) mit H. J. Thunack

auch die schmucken Styroporhelme verfehlen ihre Wirkung auf den verblüfften Zuschauer nicht.

Die Dialoge: Wurden originalgetreu aus »Perry Rhodan« (Band 50) übernommen, zum Beispiel:

»Waffe fallen lassen! Zurück in den Schrank, Arkonide!«

Die Darsteller: Zitat aus besagtem Perry-Rhodan-Magazin: »Wenn Atlan im Film dem amerikanischen Präsidenten seine Aufwartung macht, müssen Statisten her, die möglichst ›amerikanisch‹ aussehen. ›Woher nehmen und nicht stehlen?‹ fragt Thunack. Zur Zeit bemüht er sich, einige in Berlin stationierte Soldaten nebst ›family‹ für die Szene zu gewinnen. ›Einfach ist das nicht, denn mehr als ein Bier und Spaß können wir nicht bieten.‹ Weitere Sorge: ›Wir suchen händeringend einen Neger.‹«

Die Tricks und Spezialeffekte: Nächtlicher Himmel beispielsweise ist das Ergebnis eines am Tage aufgenommenen schwarzen Tuchstreifens mit Löchern für die Sterne. Das Schweben der Raumschiffe wird vermittels gut sichtbarer Fäden arrangiert.

Da staunt der Großadministrator

Wenn an den Bildschirmgeräten bunte Lämpchen aufleuchten, so beruht das nicht auf Hexerei. Ein Thunack-Assistent hockt dann unter dem Tisch und bedient fleißig mehrere Batterien.

Und damit der Laserstrahl einer Waffe möglichst pfundig zur Geltung kommt, ist diese mit Milch gefüllt.

Ganzer Stolz der Schmalfilmer ist eine 20 qm kleine Nachbildung der Rhodanschen Terrania City, die völlig planlos erstellt wurde, nach dem persönlichen Gutdünken eines jeden, der gerade daran baute – ein fröhliches Stelldichein unterschiedlicher Perspektiven: im Vordergrund ein klobiges, etwas zu groß geratenes Raumschiff-Modell; gleich dahinter, Tiefe suggerierend, teils nur mit einer Lupe zu erschauende Miniaturen, darunter auch die Berliner Philharmonie, vor welcher – an einem Zwirnsfaden schaukelnd – ein winziges UFO landet; ganz hinten dann wieder große Modelle. Ritzen in der Holzplatte, auf welcher das wacklige Unternehmen ruht, werden mit kleinen Mauern verdeckt: »Sieht doch spitze aus!« Mit einer feinen Ziehfeder sind weiße Linien, Landepisten markierend, auf der Fläche verteilt, die im fertigen Film ohnehin kein Aas sieht – im Gegensatz zu dem unschönen Farbfleck, der entstand, als der mithelfende Perry-Rhodan-Darsteller Ralph Cornell alias Ralph Müller beim gekonnten Umgang mit der Ziehfeder einen Farbpott umkippte: »Macht nichts. Da stellen wir einfach ein Raumschiff drauf.« Wenig erfreulich sind auch die versehentlich auf der Platte vergessenen Coladosen, die wenigstens auf Testdias deutlich zu erkennen sind. Überall flackern kleine Taschenlampenbatterien, unsichtbar unter dem heißen Licht der alles überstrahlenden Scheinwerfer, die jedoch nicht ausreichen, um die Platte auszuleuchten (da bräuchte es mindestens 10 000 Watt, aber die Hinterhofwohnung, wo die Rhodan-Filmer wirken, bringt nur ein Drittel dieser Leistung). Es kracht – es zischt – zu seh'n ist nischt!

Ihr großes Vorbild sei James Bond, betonen die Thunack-Leute, verweisen aber gleichzeitig, in einem lobenswerten Anflug von Selbstkritik, auf die allzu beengten Mittel, die ihnen als Amateure zur Verfügung stehen:

»Wir wissen zwar, wie es geht, aber wir können es nicht!«

Wenn Filme töten könnten...

Kampf um Rom

Bundesrepublik/Italien/Rumänien 1968–69. Produktion: CCC-Filmkunst (Artur Brauner und Peter Hahne)/Pegaso/Studioul Cinematografic. Regie: Robert Siodmak. Action-Szenen: Andrew Marton. Drehbuch: Ladislas Fodor. Nach dem gleichnamigen Roman von Felix Dahn. Kamera: Richard Angst. Musik: Riz Ortolani. Schnitt: Alfred Srp. Darsteller: Laurence Harvey (Cethegus), Orson Welles (Justinian), Sylva Koscina (Theodora), Honor Blackman (Amalaswintha), Harriet Andersson (Mathaswintha), Robert Hoffmann (Totila), Michael Dunn (Narses), Ingrid Brett, Lang Jeffries, Friedrich von Ledebur. Techniscope/Farbe, zwei Teile – 1. Teil: 103 Minuten, 2. Teil: 84 Minuten.

Verheerender Monumentalfilm vom intrigenreichen Kampf zwischen Ost- und Weströmern sowie dem Untergang des Ostgotenreiches im Italien des 6. Jahrhunderts, von Artur Brauner unverständlicherweise Jahre nach dem Abklingen der amerikanischen Mammutfilmserie vor die Kameras gezerrt.

Schon wenige Anekdoten genügen, um das katastrophale Ausmaß der unseligen Superproduktion zu verdeutlichen:

Als Artur Brauner den Drehort in Rumänien besuchte, fiel ihm eine gewaltige Mauer auf. »Die ist aber hoch«, stellte er bewundernd fest. »Das wird die Mauer meines Roms werden.« Tatsächlich ist diese Mauer dauernd im Bild zu sehen – aber das ist dann auch schon alles. Eine einzige Mauer, die im fertigen Film gar nicht mehr so hoch wirkt, stellvertretend für eine ganze Stadt.

Für die Action-Szenen verpflichtete Brauner, um damit seinen Altregisseur Robert Siodmak nicht zu belasten, den angeblichen Experten Andrew Marton, dem das Wagenrennen in BEN-HUR zugeschrieben wird und der übrigens unter Luis Trenker gelernt hat. Den statistenreichen Aufmarsch der Ostgoten sollte er filmen. No problem! meinte Marton selbstsicher. Tausende von Komparsen hatte er für diese Szene zur Verfügung, und bei den Dreharbeiten waren auch alle von Martons Inszenierung beeindruckt. Der Cutter aber hinterher nicht, hatte Marton doch den verhängnisvollen Fehler begangen, seine Ostgoten genau in der Bildmitte der riesigen Scope-Totale über einen Hügel marschieren zu lassen und rechts und links alles frei zu lassen, statt die Männer über die gesamte Scope-Breite zu verteilen. Durch dieses kleine Mißgeschick schrumpfte das tolle Superheer optisch auf die »Größe« einer dörflichen Schützengilde.

Natürlich wünschte sich Brauner einen echten Löwenkampf. Doch leider war in ganz Rumänien kein Zirkuslöwe aufzutreiben, wohl aber ein dressierter Bär. Aber Brauner, der sich durchsetzen wollte, bestand auf dem Löwen, der schließlich in Gestalt eines ziemlich altersschwachen Tieres gefunden wurde. Freilich war die greise Bestie nicht mehr in der Lage, einen Darsteller Artur Brauners anzufallen. So ließ man aus Berlin ein Löwenfell kommen, stülpte es mehr schlecht als recht einem Statisten über und ließ ihn wild herumspringen. Der Löwenfight einer deutschen Großproduktion.

Für die Rolle des Kaisers Justinian hatte sich Brauner den legendären Orson Welles geholt, der längst dem Suff verfallen war. Sechs Tage ging alles gut, nur am siebten, Orsons letztem, war der Star wieder mal so besoffen, daß er weder rechts noch links unterscheiden konnte. Stundenlang stand er, lallend, an der rechten Säule, obwohl er doch hätte an der linken stehen müssen, um im Bild zu sein. Schließlich gab der Regisseur auf: Sie können jetzt nach Hause gehen! und verzichtete.

Um mehr Kasse zu machen, kam Artur Brauner auf die Idee, den Streifen in zwei Teilen herauszubringen. Doch als der erste vorführfertig war, stellte man fest, daß darin kein Kampf um Rom vorkam. Aber Atze wäre nicht Atze, wüßte er hier keinen Rat. Er postierte am Schluß des ersten Teils noch einen Wächter auf einer Zinne, den er ausrufen ließ: Aber jetzt, Leute, jetzt kommt der Kampf um Rom! Worauf das Publikum mit Hilfe einer Schrifttafel gebeten wird, sich das doch bitte im zweiten Teil anzuschauen.

Er verabscheute Gewalt – doch er wurde in ihren Strudel gerissen:

Die Brut des Bösen

Bundesrepublik/Spanien 1979. Produktion: Leo Kemkes, Wesel. Regie, Drehbuch, Kampfszenen und Musik: Christian Anders. Co-Regie: Tony Tarruella. Kamera: Hans Burmann Sanchez und Ricardo Navarrete. Erste Hilfe: Angeles Maya. Schnitt: E. B. Marcos. Darsteller: Christian Anders (Frank Mertens), Maribel Martin (Ingrid), Dunja Rajter (Cora Ramada), Deep Roy (Van Bullock), Fred Harris (Komo), Wolfgang Schütte (Thomas), Fernando Hilbeck (1. Inspektor), Carl Rapp (2. Inspektor), Ria Kemp (Guest Star). Farbe, 81 Minuten.

Gerade der junge Narziß braucht ▓▓▓▓▓▓▓▓▓▓▓▓▓▓▓▓▓▓▓▓: die ständige Bestätigung durch den Stoff, aus dem die Träume sind.

CHRISTIAN
ANDERS
Buch, Musik u. Regie:
CHRISTIAN ANDERS

DIE BRUT
DES BÖSEN

DUNJA
RAJTER

Was heißt hier nekrophil?

Da ihm aber seine aufreibende Schlagerkarriere ebensowenig Zeit zum Träumen ließ wie seine Gehversuche als Schriftsteller, stand für ▨▨▨▨▨▨ Christian Anders fest: Junge, du mußt ins Filmgeschäft. Als ehemaliger Inhaber einer Karateschule natürlich auf den Spuren der famosen Shaw Brothers.

Solcherart kam Christians Filmdebüt zustande, in welchem er als Chef einer Madrider Karateakademie (!) brilliert: Frank Mertens, der sich eine fabelhafte Aufnahmeprüfung ausgedacht hat, die von hohem didaktischen Können Zeugnis ablegt und gleichzeitig von dem menschliche Vorstellungskraft sprengenden Intelligenzquotienten des Karateakademikers. Gleich am Eingang wird der Aspirant aufgefordert, seine Faust gegen Frank zu erheben. Erweist sich Frank als schneller und prallt die Faust des Gegners gegen die Wand, hat der Karatekandidat leider null Punkte und: nicht bestanden. Daß die Akademie bei solch idealistischer Geschäftspolitik aus dem letzten Loch pfeift, versteht sich von selbst.

CHRISTIAN
ANDERS
Buch, Musik u. Regie:
CHRISTIAN ANDERS

DIE BRUT
DES BÖSEN

DUNJA
RAJTER

Hey, ich bin doch der Hauptdarsteller

Dennoch lehnt Frank das großzügige Kaufangebot des Zwerges Van Bullock ab, der vis-à-vis eine ganz normale, kleinbürgerliche Karateschule eröffnen will: Nicht mal für eine Million!

Klein Bullock aber – ebenbürtiger Gegenspieler, der er ist – gibt nicht auf: »Wir werden ihm beibringen, daß es sehr ungesund ist, meine Geschäfte zu stören.« Denn so ganz nebenbei hat sich die größenwahnsinnige Winzigkeit in den Minikopf gesetzt, der mächtigste Heroinhändler der Welt zu werden, um sich auf diese Weise an seinem widrigen Schicksal zu rächen.

Van Bullock schickt also zwei chinesische Kung-Fu-Kämpfer in die Akademie, die sich ihrer Sache sicher sind, als sie Frank erblicken.

Erster Chinese: »Das muß del Boß sein.«

Zweiter Chinese: »Del sieht abel nicht sehl stalk aus.«

Vorsichtshalber wenden sich die beiden Schlitzaugenrowdys jedoch erst einmal an Franks Assistenten Thomas und prügeln ihn unfreundlicherweise zu Brei.

134

»Halt! Das ist unfair!!«

gebietet ihnen Frank Einhalt, entblößt seinen (in der Tat unterentwikkelten) Oberkörper und lehrt die Chinafritzen, »schnell wie der Blitz«, Mores.

Was freilich auf der Stelle sein Gewissen belastet – hat er doch Karate mißbraucht, um Mitmenschen weh zu tun. Und – o Graus! – seine helle Freude daran gehabt. Verzweifelt eilt er zum Grab seines ermordeten Meisters Takimura, das Unrecht zu beichten. Doch auch hier, in der geheiligten Stille des Friedhofs, lauert ihm hinterrücks Van Bullocks böse Brut auf. Sogar ein Messer wird gegen ihn gezückt. Aber Frank, von den Chinesen als »Drecksjapaner« beschimpft, ist dank seiner überlegenen Kampftechnik wieder einmal schneller, kann den unverschämten Gegner entwaffnen und sich die Klinge greifen. In diesem Moment hört er im Hinterkopf die mahnende Stimme des verblichenen Meisters: »Vergiß nicht, Frank. Karate ist eine waffenlose Kunst.« Ohne mit der Wimper zu zucken, leistet Frank dem Befehl Folge, läßt das Messer fallen und bezwingt die schurkische Übermacht mit den bloßen Händen. Zack, zack, zack!

Nach bestandenem Kampf wieder reuige Gewissensbisse: »Warum haben sie das getan? Wie kann man nur so gemein sein?«

Der Zwerg tobt:

»Dieser Frank Mertens glaubt, nur weil er ein bißchen Karate kann, könnte er sich mir widersetzen!«

Er beschließt, es mit Geist, geistvoll sozusagen, zu versuchen: **Brain vs. Brain…**

Aus der hintersten Ecke seines bösen Hirns kramt er ein arabisches Sprichwort hervor: Küsse die Hand, die du nicht abhacken kannst, und lädt Frank zu einer gemütlichen Friedenspfeife in sein Domizil.

Der freundlichen Einladung kann unser Karatehero natürlich nicht widerstehen, obwohl ihn seine blonde Sekretärin Ingrid nachdrücklich warnt: »Geh nicht hin, Frank, das ist sicher eine heimtückische Falle.«

Doch Frank weiß, was er sich und seinen wenigen Schülern schuldig ist, läßt den Zwerg mit seiner verlockenden Dollar-Offerte kurzerhand abblitzen. Kaufen läßt er sich nicht! **»Ich warne Sie, Sie Gnom, lassen Sie mich in Ruhe oder: ich werde böse!«**

Jetzt ist auch der Gnom ernstlich böse auf den »Bastard« und hetzt ihm seine heroinsüchtige Geheimwaffe auf den Hals: Cora Ramada, gemimt von der vollbusig verblühten Dunja Rajter, die zu Ingrids Mißfallen in der Akademie aufkreuzt, um Privatstunden zu nehmen, welche sich dann in Franks Bett abspielen. Bei dieser heiklen Gelegenheit schmuggelt die falsche Fuffzigerin unbemerkt einen Beutel Heroin in Franks Jackentasche und alarmiert die Polizei, die sofort auf der Matte steht: »Wir haben die Information bekommen, daß Sie mit Heroin handeln.«

Im Gefängnis erhält er Besuch von Ingrid, die nun endlich, da Frank sich nicht wehren kann, die Zeit findet, ihm etwas Wichtiges zu gestehen.

Ingrid: »Ich bin kein unreifes Mädchen mehr.
Ich liebe dich, Frank.«

Frank: »Oh, ich weiß, daß du kein Kind mehr bist, sondern eine Frau. Eine sehr hübsche sogar.«

Ingrid: »Bitte verzeih' die Liebeserklärung.«

Frank: »Ich danke dir dafür.«

Eines Tages werde er freikommen – und dann . . .

Auch Cora Ramada hat sich in Frank verliebt und Ingrid telefonisch von dem finsteren Heroinkomplott in Kenntnis gesetzt. Bei einem Bauchtanz bricht sie vor dem an ihr herumfingernden Van Bullock zusammen.

Cora: »Nein, ich kann nicht.«

Van »Du heulst wegen Frank Mertens.

Bullock: Du bist verliebt in diesen –
Karrateeelehrerrr,
du billige Hure.«

Cora: »Du widerlicher Zwerg.
Ich hasse dich.«

Das hätte Cora nicht sagen sollen, denn augenblicklich sieht sich der wutschnaubende Zwerg gezwungen, zur Schere zu greifen und die »Verräterin« in einem Anfall von Wahnsinn zu erstechen – um gleich darauf sein Tun zu bereuen: »Cora, Cora – was hab' ich nur getan! Geliebte!!«

Frank, aufgeklärt von Ingrid, ist inzwischen aus dem Gefängnis geflohen und auf dem Weg zu Van Bullocks Villa. Dort knöpft er sich gleich die zahlreiche Leibwächterschar des Zwergs vor, die sich aus verschiedenen Kampfdisziplinen zusammensetzt. Dann verheddert er sich überaus geschickt in einem Dornbusch, wodurch sein T-Shirt zerreißt, was wieder mal seinen schmächtigen Oberkörper ans Licht bringt. Dazu ein bärenstarker Background-Song: HEY SUPERMAN, SUPERMAN!

Endlich Aug' in Aug' mit dem verruchten Zwerg: »Van Bullock, du gestehst die Sache mit dem Heroin, oder ich bring' dich um!«

Fatalerweise hat in diesem Augenblick Van Bullocks Zwei-Meter-Leibwächter Komo seinen beunruhigenden Auftritt und schmeißt Frank filmwirksam aus dem Fenster, während unten die Polizei anrückt und den Entlaufenen mit reichlich Maschinengewehrfeuer in den nahen Wald jagt.

In selbigen Wald läßt sich Van Bullock von Komo huckepack tragen, da ihm eine prima Idee gekommen ist, wie er das »Wild« aufscheuchen kann. Mit lauter Stimme gesteht Komo den Mord an Franks geliebtem Meister Takimura und – zum Zwerg gewandt: »Ich zerquetsche diese Laus wie eine faule Birne.«

Kreischt Van Bullock:

»Komm raus, Mertens, du Ratte!

Komm raus, du Feigling!

Willst du nicht deinen Meister

rächen?!«

Wie man in den Wald hineinruft, schallt es bekanntlich auch heraus. Aus einem unscheinbaren Gebüsch springt der Rächer:

»Warum habt ihr meinen Meister umgebracht?«

Es stellt sich heraus, daß Takimura für die Tokioter Polizei Spitzeldienste versah und entscheidend dazu beitrug, Van Bullocks dortigen Rauschgiftring auffliegen zu lassen, weswegen der Zwerg für neun lange Jahre in den Knast wanderte.

Frank weiß jetzt Bescheid: »Also du warst der heimtückische Mörder.«

Ohne Vorwarnung stürzt er sich auf Komo, wirft ihn mit dem Gesicht in den Dreck und bricht ihm, da er oben ein Stahlkorsett trägt, beide Beine, bis die Knochen splittern.

Den Rauschgiftzwerg aber expediert er in einen unbefangen rauschenden Wildbach.

Worauf er von dannen schreitet – und den Zuschauer in banger Unwissenheit um den weiteren Fortgang der Liebesgeschichte mit Ingrid entläßt.

PS: Die unheilschwangere These, daß ein schlechter Film weitere nach sich zieht, erhärtete Anders in seinem bald darauf in Griechenland entstandenen Streifen DIE TODESGÖTTIN DES LIEBESCAMPS, in dem man ihn in der Rolle des Jünglings Dorian (nicht Gray) bewundern kann, des »erfolgreichsten Seelenfängers« der Sekte »Kinder des Lichts« und Lieblingsjüngers der dunkelhäutigen »Göttlichen« *(Black Emanuelle* Laura Gemser), die nicht nur allerorten freie Liebe postuliert, sondern auch abtrünnige Sektenmitglieder massakrieren und ihr Liebescamp beim Eintreffen der Polizei, getreu dem Vorbild des besessenen Todesengels von Jonestown, in die Luft sprengen läßt. Allein Patricia, Tochter eines amerikanischen Senators, und der durch ihre Liebe bekehrte Dorian überleben den grauenvollen Film.

Corn

USA 1970. Realisation: Larry Gottheim. Farbe, stumm, 11 Minuten.

Das erste Mal machte mich ein dem Experimentalfilm zugeneigter Kollege auf Professor Gottheim aufmerksam, ein Universalgenie, ausgebildet in Musiktheorie und Komposition, Physik, Mathematik und Literatur, zu allem Überfluß auch noch Gründer der Filmabteilung der State University of New York in Binghamton. Den wenigen beim 10. Internationalen Forum des jungen Films 1980 in Berlin versammelten Jüngern empfahl der eigens angereiste Gottheim, sich erst mal hinzusetzen und zu entspannen und dann das »Ding« auf sich einwirken zu lassen. Mit dem »Ding« war nicht der berühmte Science-Fiction-Film von Howard Hawks gemeint, sondern das zweite Filmopus des großen Künstlers Gottheim, das den vielsagenden Titel CORN trug:

Die Szene ist der Sonnenuntergang. Das Bild zeigt das Fragment eines Hauses, aus einer Art beigefarbenem, hellem Holz gemacht, sowie die untere Hälfte eines Fensters mit einem braunen Fensterrahmen. Es gibt natürlich ein Fensterbrett, und auf diesem steht eine dunkelbraune, glasierte Schüssel aus Keramik. Das Licht von der Sonne ist tiefgelb, und ein scharfer Schatten schneidet durch den oberen Teil des Bildes. Das Bild ist verkantet, so daß das Haus, das Fenster und das Fensterbrett auf einer diagonalen Linie liegen, die von links nach rechts verläuft. Die Glasierung der Schüssel fängt das Licht ein und erzeugt funkelnde weiße Lichtpunkte.
Aus der Evidenz des Holzes, des Fensterbretts und des Lichts ergibt sich, daß die Kamera außerhalb des Hauses steht. Aus dem Inneren des Hauses, zwischen den Schatten, scheint sich eine Bewegung anzudeuten. Plötzlich wird eine grüne Maisschote auf das Fensterbrett gelegt, hinter die Schüssel. Dies setzt sich fort, bis der Raum des Fensterbretts hinter der Schüssel ganz und gar mit einem Haufen grüner Maisschoten angefüllt ist. Das Grün der Maisschoten gibt der Szene eine neue Struktur, weil sie Unterschiede in Stoff, Farbe und Licht in das Bild bringen. Nachdem der Raum hinter der Schüssel aufgefüllt ist, legt eine Zange einen dampfenden Maiskolben in die

Schüssel. Mehr Kolben werden hinzugefügt. Wenn die Schüssel voll ist, endet der Film.[1]

Prosaischere Zeitgenossen freilich haben bei dem »Ding« das unbestimmte Gefühl, da habe jemand achtlos eine laufende Schmalfilmkamera liegenlassen und sich hinterher selbst darüber gewundert, was drauf war.

Looping – Der lange Traum vom kurzen Glück

Bundesrepublik 1980–81. Produktion: Entenproduktion (Rolf Bührmann, Walter Bockmayer). Regie: Walter Bockmayer, Rolf Bührmann. Drehbuch: Pea Fröhlich, Peter Märthesheimer. Kamera: Michael Ballhaus. Musik: Roxy Music Brian Ferry. Chanson: Peer Raben. Kostüme: Tabea Blumenschein. Ton: Gunther Kortwich. Schnitt: Ila von Hasperb, Walter Bockmayer. Darsteller: Shelley Winters, synchronisiert von Tilly Lauenstein (Carmen), Hans Christian Blech (Johnny), Ingrid Caven (Inga), Sydne Rome (Tanja), Adrian Hoven (Capone), Barbara Valentin (Helma), Peter Chatel (Sirmone), Johanna König (Pritty), Peter Schlesinger (Loop-Verkäufer), Ila von Hasperg, Jürgen Flimm, Rolf Bührmann. Farbe, 109 Minuten.

Ein Rummelplatz –
na, wenn da nichts los ist!
  Mehr los ist als sonst im trostlosen Einerlei
des Neuen Deutschen Films!!
  Ein altes Schausteller-Ehepaar, Carmen und Johnny, verkörpert von zwei großen Namen: Shelley Winters und Hans Christian Blech, dessen Scharfschützennummer längst nicht mehr up to date ist, träumt des Nachts im Wohnwagenbett vom großen Glück – vom Achterbahn-Looping mit allen Schikanen, der ihnen den ersehnten Dollarregen bringen soll: »Alles, was ich im Kopf hab', ist der Loop und 'n schönes Leben.«
  Nur: wie an das nötige Kleingeld kommen zum Erwerb eines solchen Loops?
  Die »Show International« jedenfalls bringt's nicht: »Das ist keine Schießbude, das ist eine Scheißbude!« Und schon gar nicht die unattraktive und dem Suff verfallene (»Sie trinkt, weil sie einfach unheimlich blöd ist«) Tochter einer bei einem bedauerlichen »Betriebsunfall« ums Leben gekommenen Kollegin von Carmen. Mit echt unterbelichteten Songs von Peer Raben (»Und nun eine künstlerische Darbietung: Das Lied von einem Mädchen, das weit wegzog,

---

[1] Daryl Chin: Orchestrating Colors. In: »The Soho Weekly News«, New York, 16. Dezember 1976

»Wahrscheinlich guckt wieder kein Schwein.« –
»Toll!«

um das Sprechen zu lernen«) trägt Inga – Ingrid Caven (würg!) im
Hühnchenkostüm: »Es macht mich glücklich, wenn du Hühnchen-
Hühnchen zu mir sagst« – nach Leibeskräften dazu bei, auch noch den
letzten Zuschauer aus der Bude zu jagen: ███████████████████
███

   Doch dann kommt, exquisiten Beines, Sydne Rome als Super-
Stripperin Tanja (»Ich bin allererste Klasse«) hereingeschneit, um
»'ne Menge Schwung in euren tristen kleinen Laden« zu bringen. Ihr
Striptease erregt sogleich die wohlwollende Aufmerksamkeit verlo-
rengeglaubter Besucherschichten, die die ████ Schießbude in derart
rauhen Massen stürmen, daß sie alsbald zu klein wird für die vielen
tanjabeglückten Fans. Carmen und Johnny müssen in den geräumigen
Autoscooter ihrer verreisten Ariel-Freundin Johanna (Clementine)
König umziehen, wo Tanja – mit flotten Aerobic-Verrenkungen –
persönliche Anmache betreibt.
   Carmens Kasse klingelt, aber leider – ungewollter Nebeneffekt –

klingelt es auch bei Johnny, der – seiner Frau entfremdet – sich bei Tanja ins Zeug legt: »Er ist so verführt, daß ihm die Eier platzen.«

Das bedeutet: Carmen ist mehr denn je auf den Loop angewiesen – nicht nur der Dollars wegen, sondern auch um Johnny bei der Stange zu halten. Und sie kriegt ihn auch – ihren Loop.

Allerdings hat sie die Rechnung ohne die Dilettantin Inga gemacht, die bitterlich auf Rache sinnt, seit sie von Carmen aus dem Showbusineß verstoßen wurde.

Inzwischen verbindet Tanja und Inga eine herzliche Frauenfreundschaft. Tanja, die ihre Koffer bereits gepackt hat, will, daß Hühnchen mit ihr geht – aber:

Inga: »Ich hab' hier noch was zu tun.«

Tanja: »Aber du kommst nach?«

Inga: »Wer weiß? –
         Sicher!«

Tanja: »Okay, Kleines.«

Als Tanja weg ist, sieht Inga rot, greift – geübte Schützin, die sie ist – zum Gewehr und streckt Carmen und Johnny auf der Looping-Jungfernfahrt mit zwei gezielten Kopfschüssen nieder. Worauf sich die Rächerin mit finsterem Gesicht in eine ungewisse Zukunft verdrückt.

Vielleicht war es ihr Freund Fassbinder, der den ehemaligen Garderobiers der Städtischen Bühnen Köln, Bockmayer und Bührmann, eingeredet hat, es nach gepriesenen Opern- und Ballett-Travestien in Super 8 sowie den Spielfilmen JANE BLEIBT JANE (in 16 mm) und FLAMMENDE HERZEN (in 35 mm) einmal mit einem über 3 Millionen Mark teuren Melodram zu versuchen von der Art, wie sie Douglas Sirk in Hollywood realisiert hat.

Aber Köln ist ja bekanntlich nicht Hollywood!

Was also bei dem Unterfangen herauskam, war ein schlecht gespieltes Unding – ohne Ironie, dafür randvoll mit unfreiwilliger Komik –, das trotz der Propaganda eines potenten Verleihs (United Artists) bundesweit nur 70 000 Besucher fand und, obwohl in englisch gedreht, weder nach England noch Amerika verkauft werden konnte, sondern beschämenderweise nur nach Argentinien, Griechenland und Jugoslawien. Dennoch wurde der Blödsinn, für das Vergabegremium überaus peinlich, mit gleich 4 Bundesfilmpreisen 1981 überschüttet: einem Filmband in Silber, drei Filmbändern in Gold (je eines für Bockmayer und Bührmann; Tabea Blumenschein, die Ingrid Cavens unmöglichen Chicken-Dress geschneidert hat; Ingrid Caven selbst, die es am wenigsten von allen verdient hat).

»Der Verdacht, daß hier Jury-Mitglied Dr. Volker Canaris, der ehemalige langjährige Mitarbeiter in der WDR-Fernsehspielredaktion und jetzige Mitdirektor des Kölner Schauspielhauses, seinen regionalen Einfluß über Gebühr geltend gemacht hat, liegt nahe: er hat(te) mit Bockmayer/Bührmann, den Kölner Regisseuren von ›Looping‹, laufend beruflich zu tun, zudem spielt sein Intendant, Jürgen Flimm, eine Nebenrolle.« (Hans-Ulrich Pönack)

Plan 9 aus dem Weltall (Plan 9 From Outer Space)

USA 1956–59. Produktion: Edward D. Wood jr. – Criswell/J. Edward Reynolds. Regie, Drehbuch und Schnitt: Edward D. Wood jr. Kamera: William C. Thompson. Musik: Gordon Zahler. »Spezial«effekte: Tommy Kemp. Polizeiliche Beratung: Carl Johnson. Darsteller: Gregory Walcott (Jeff Trent), Mona McKinnon (Paula Trent), Duke Moore (Lieutenant Harper), Tom Keene (Oberst Edwards), Lyle Talbot (General Roberts), Bela Lugosi (Ghoul-Mann), Vampira = Maila Nurmi (Ghoul-Frau), Tor Johnson (Inspektor Clay), Dudley Manlove (Eros), Joanna Lee (Tanna), John Breckinridge (Oberkommandierender der Raummenschen), Paul Marco (Polizist), Criswell (er selbst), Conrad Brooks, Dr. Tom Mason. Schwarzweiß, 79 Minuten.

Der Seher Criswell, ein guter Freund des Regisseurs, verkündet eine unabänderliche Binsenwahrheit: **»Wir alle auf dieser Erde wissen es: jedem schlägt einmal die Stunde!«**

Am Grab seiner geliebten Frau, mitten in der Filmmetropole Hollywood, steht ein alter Mann mit gebrochenem Herzen. Daheim pflückt er eine Blume, riecht daran und – segnet das Zeitliche:

»Blumen, die sie einst gepflanzt hatte, erinnerten ihn an ihre einst blühenden Wangen. In Gedanken versunken, lief der alte Mann in den Tod.«

Diese extrem komplizierte Szene hat Regisseur Wood ebenso einfach wie genial gelöst: Er läßt seinen Darsteller, Bela Lugosi, nach links aus dem Bild gehen, dann hört man Reifenquietschen und einen dumpfen Knall – nur sehen tut man nichts.

Darüber hinaus ahnte Wood hier, in begnadeter Intuition, Belas Tod (den echten diesmal) voraus. Aber das Dahinscheiden des großen Mimen hinderte Wood nicht, sein Werk zu vollenden. Clever, wie er war, heuerte er ein Double an, den arbeitslosen Chiropraktiker Dr. Tom Mason, der den getreuen Bela mit beständig vors Gesicht gehaltenem Vampir-Cape vertrat. Doch davon später.

Inzwischen ist Jeff Trent, Pilot des Fluges 812, wirren Kopfes nach Hause gekommen. Paula, seine Frau, merkt gleich, daß mit ihm etwas nicht stimmt:

Paula: »Du bist mit den Gedanken wohl noch in der Luft?«
Jeff: »Vielleicht.«
Paula: »So kenne ich dich gar nicht.«
Jeff: »Ich mich auch nicht.«
Paula: »Hat es mit deinem Flug zu tun?
Was ist geschehen?«
Jeff: »Ich sah eine fliegende Untertasse.«
Paula: »Untertasse?
Meinst du die Art, die am Himmel fliegt?«
Jeff: »Ja, sie hatte die Form einer riesigen Zigarre . . .«

Grauenhaft: **Flying Saucers over Hollywood!**

Oberst Edwards trifft die größte Entscheidung seiner ganzen Laufbahn: Er eröffnet den »Krieg der Welten« im Westentaschenformat und gibt den dramatischen Befehl, aus allen Rohren auf die UFOs zu feuern – bevor ihn die bange Frage übermannt: **»Was wollen sie, wo kommen sie her, wohin fliegen sie?«**

Die angeschossenen Untertassen fliegen zu ihrem Mutterschiff zurück, wo offensichtlich ebenso große Ratlosigkeit herrscht wie auf der Erde. Mit einem gewissen Zynismus fragt der Oberkommandierende der Raummenschen seine Mit-Außerirdischen Eros und Tanna, nach welchem Plan sie nun vorzugehen gedächten, da nicht weniger als acht Pläne, wie man die Erde kontrollieren könne, gescheitert seien. Adam Riese folgend bringen die beiden zögernd PLAN 9 ins Gespräch: **Elektronische Fernsteuerung kürzlich Verstorbener** (»Die Erdmenschen, die denken können, haben Angst vor nicht denkenden Toten«).

Die Frage, ob das schon erprobt sei, können Eros und Tanna mit sichtlichem Erfinderstolz bejahen: »Wir haben zwei erweckt.«

Die zwei Unglücklichen, von denen die Rede ist, sind der alte Mann und sein Eheweib, die – in ihrer neuen Funktion als Ghoul-Mann und Ghoul-Frau – den massigen Inspektor Clay von der örtlichen Kriminalpolizei kaltgemacht haben, der daraufhin wie ein Zombie-Nilpferd aus seinem Grab steigt und sich den beiden Ghouls anschließt.

Ganz zufällig liegt der Friedhof, auf dem sich der außerirdische Unfug abspielt, genau neben dem Grundstück der Trents. Verständlicherweise ist Jeff, der wieder ins Cockpit muß, um seine kleine Frau besorgt:

Jeff: »Willst du nicht doch zu Mutter ziehen?«
Paula: »Dies ist unser Heim, das verlasse ich nicht.

	Was soll ich denn bei Mutter?«
Jeff:	»Darum geht es nicht.«
Paula:	»Nun troll dich und flieg deine Maschine.
	Sag den Untertassen, sie sollen uns in Ruhe lassen.«
Jeff:	»Mach dir keine Sorgen um mich.
	Ich sorge mich nur um dich.
	Die fliegenden Untertassen sind da oben,
	aber mit dem Friedhof nebenan stimmt was nicht.«
Paula:	»Untertassen da, Friedhof dort,
	ich schließ' mich ein.
	Nun ab in die Lüfte mit dir.«
Jeff:	»Schließ dich ein!«
Paula:	»Ich verspreche es.
	Ich gehe sowieso ins Bett
	– mit deinem Kissen.«
Jeff:	»Meinem Kissen?«
Paula:	»Um mir Gesellschaft zu leisten.
	Nachts, wenn ich einsam bin, berühre ich es.
	Dann wird es besser.«
Jeff:	»Du verrücktes Huhn.«
Paula:	»Bis Donnerstag!
	Leb wohl, Liebling.«
Jeff:	»Ich gehe nicht,
	bevor du abschließt.«
Paula:	»Ich schließe sogar die Seitentür ab.«
Jeff:	»Und laß die Lampe an.«

Selbstverständlich erregen die ungewöhnlichen Vorfälle auch die Aufmerksamkeit höchster Instanzen im Pentagon, wo General Roberts den fassungslosen Oberst Edwards empfängt:

Roberts:	»Glauben Sie an fliegende Untertassen, Oberst?«
Edwards:	»Ja, Sir, ich habe sie gesehen.«
Roberts:	»Die Regierung sagt aber, es gibt keine.
	Bleiben Sie bei Ihrer Behauptung?«
Edwards:	»Nun – ja, Sir.«
Roberts:	»Das könnte Sie vor das Kriegsgericht bringen.«
Edwards:	»General Roberts, darf ich frei sprechen?
	Wie kann ich meinen Posten behalten,
	wenn ich nicht an das glaube,
	worauf ich schieße?«
Roberts:	»Ich mag Sie, Oberst.«

Edwards:	»Danke, Sir.«
Roberts:	»Es gibt fliegende Untertassen.
	Ohne Zweifel sind sie am Himmel.«
Edwards:	»Was sollen wir tun?«
Roberts:	»Wer weiß?«

Weder Kosten noch Mühen scheuend, spielt der General dem verdutzten Oberst auf einem altersschwachen Tonbandgerät eine Botschaft der Raummenschen vor, die da lautet:

»Seit Beginn der Zeit beobachten wir euch.
Wir sind euch um Jahrtausende voraus.
Ihr habt doch nicht im Ernst geglaubt, die einzigen Bewohner des Alls zu sein.
Wie kann einer nur so dumm sein.
Wir wollen euch nicht erobern, nur retten.
Wir hätten euch längst zerstören können.
Aber wir sind friedlich.
Nur unsere Methoden sind kriminell.
Weil eure Waffen einige von uns getötet haben.
Wenn ihr uns nicht landen laßt, müssen wir annehmen,
daß ihr unsere Freundschaft nicht wollt.
Dann müssen wir euch zerstören,
bevor ihr uns zerstört.
Eure kindlichen Gemüter entwickeln Waffen,
die das ganze Universum zerstören können.«

(Um welche Art Waffen es sich dabei handelt, darauf wird noch einzugehen sein.)

Im Mutterschiff melden die Raumleute den planmäßigen Beginn der Aktion, aber der Oberkommandierende, in weiser Voraussicht des Kommenden, ist noch immer skeptisch: »Ihr Plan ist alles andere als ein Erfolg. Bevor wir mehr Schiffe und Leute verlieren, müssen Sie endlich Erfolg haben.« – »Wir werden nicht versagen. Alles ist auf unserer Seite.« – »Nicht alles. Nicht die lebenden Erdbewohner.«

Diese – in Person von Oberst Edwards, Lieutenant Harper und Jeff Trent – stürmen eine Untertasse, die sie auf dem Friedhof geortet haben. Dort weiht sie der überraschte Raumsoldat Eros in das furchtbare Geheimnis von Solaronit ein, dessen Lösung durch irdische Wissenschaftler und Militärs die Extraterrestrier mit allen Mitteln verhindern wollen:

»Stellen Sie sich einen Benzinkanister vor.
Das ist die Sonne.

Eine dünne Leitung führt zu einem Ball, der Erde.
Wir tränken den Ball mit Benzin, dem Sonnenschein.
Dann halten wir eine Flamme an den Ball.
Die Flammen verzehren die Erde, erfassen die Leitung.
Das Feuer erreicht den Kanister, er explodiert.
Alles vom Sonnenlicht Erfaßte wird vernichtet.
Explodiert das Sonnenlicht hier, so explodiert alles.
Eine Kettenreaktion zerstört Sonne und Universum.
Deshalb müssen wir Sie aufhalten.
Auf freundliche Art – oder wie immer Sie es wollen.«

»Er ist wahnsinnig«, schüttelt einer der Erdlinge ungläubig den Kopf. Und zum Beweis dieses Wahnsinns ist Zombie-Inspektor Clay schon dabei, die unglückliche Mrs. Trent zu entführen. Glücklicherweise hat jemand die rettende Idee: »Ich schleiche mich an und brate ihm eins über.«

Das klappt – und nun sprechen auch im Raumschiff als einzige Argumente die Fäuste, bis ein Feuerchen ausbricht, das jede weitere Diskussion erübrigt. Die Untertasse – mit Eros und Tanna an Bord – brennt wie Zunder, als habe da einer einen Pappteller, der an einer Strippe hängt, mit Hilfe eines Zigarettenanzünders in Brand gesteckt (Sie werden es nicht glauben, aber genauso war es!).

Dieser Film beruhe auf vereidigten Aussagen, erklärt Criswell, der Prophet, zum Ausklang.
Oder:
»Können Sie beweisen, daß es nicht so passiert ist?«
Das ist Logik – was?

Tag der Idioten

Bundesrepublik 1981–82. Produktion: Oko-Film Karel Dirka. Regie: Werner Schroeter. Drehbuch: Dana Horakova, Werner Schroeter. Kamera: Ivan Slapeta. Musik: Peer Raben. Darsteller: Carole Bouquet (Carol), Ida di Benedetto (Schwester Elisabeth), Ingrid Caven (Dr. Laura), Christine Kaufmann, Tamara Kafka, Herman Killmeyer, Marie Luise Marjan, Dana Medricka, Magdalena Montezuma, Djadja Mustafa, Jana Plichtova, Carola Regnier, Fritz Schediwy, George Stamkowski, Ula Stöckl, Ursula Strätz, Annette Tirier, Ellen Umlauf, Zoe Zag. Farbe, 110 Minuten. Prädikat: »besonders wertvoll«.

TAG DER IDIOTEN sei eine Beschwörung, eine Evokation abweichender Wahrnehmung und Empfindung, schrieb Wolfram Schütte in der »Frankfurter Rundschau« und jubelte über Werner Schroeters mei-

Endlich ein Film, der einen vom Hocker haut

sterlichen Umgang mit dem Erzählkino, »das er doch zugleich mit
einer fluiden Metaphorik, einer überwältigenden ästhetischen Formu-
lierungskraft und polyphonen Schönheit ins Musikalische, ins Surrea-
le überschreitet«. Kapiert? Ja, wenn ein Filmkritiker derart aussagelos
»argumentiert«, darf man gebannt im Kinosessel der furchtbaren
Dinge harren, die da kommen. Und fürwahr – Werner Schroeter
enttäuscht diese fatale Erwartung nicht.

In einer furiosen Parallelmontage (oder wie man das nennt), die
einen schon nach den ersten Minuten aus dem Filmtheater jagen
könnte, erleben wir auf der einen Seite die schöne Carol Schneider
(Carole Bouquet) mit ihren maßlosen, unerfüllt bleibenden Forderun-
gen an das Leben und die Menschen bei dem erfolgreichen Versuch,
sich selbst in den Abgrund des Wahnsinns zu stürzen, und auf der
anderen Seite sehen wir schon Aufnahmen von der Irrenanstalt, in der
sie alsbald landet. Zu unheilschwangeren Peer-Raben-Klängen ent-
leert Carol den Inhalt ihrer Handtasche im Klo: »Tötet mich, bitte!«

Und während sie im Café herumschlabbert, fahren ihr brillante Gedanken durch den Kopf: »Ich darf nicht träumen, ich muß atmen«, »Ich muß essen«, »Ich muß leben«. (Allein diese fundamentalen Wahrheiten entschädigen den Besucher bereits reichlich für die an der Kinokasse erstandene Eintrittskarte.) Ihrem teilnahmslos in der Wohnung herumhockenden Geliebten Alexander (Djadja Mustafa) reißt sie die Kleider vom Leibe, denn: »Alexander muß mich ansehen, Alexander muß mich ansehen«, und rennt wild in der Wohnung auf und ab. Schließlich kommt sie auf den grandiosen Einfall, wildfremde Leute als Terroristen zu denunzieren, und landet in besagter Irrenanstalt.

Die Italiener haben ja bekanntlich eine Gesetzesinitiative zur Abschaffung ihrer Nervenheilanstalten unternommen, und vielleicht war das der Aufhänger für Schroeters Film. Oder nicht Aufhänger, besser Vorwand, denn die Lage der Geisteskranken interessiert Schroeter im Grunde einen Dreck. Er treibt nur seine bösen Spielchen mit ihnen. Sein Film sei halt keine Dokumentation über Nervenheilanstalten, meinte Schroeter 1981 in Hof, wo TAG DER IDIOTEN lief, sondern schildere die Situation von Leuten, die eingeschlossen sind. Eingeschlossen und gefangen in der Rumpelkammer von Schroeters Phantasie, die als Schauplatz des Geschehens eine Anstalt wählte, welche einem Dracula-Film alle Ehre gemacht hätte, mit Friedhof drumrum und ununterbrochenen Käuzchenschreien. Drinnen wandeln in zombiehaften Nachthemden die Klischeefiguren weiblicher Irrer, Carols Leidensgenossinnen. Eine Patientin hält sich (natürlich) für den lieben Gott, eine andere nervt ihre Umgebung von morgens bis abends mit frommen Litaneien. Eine trägt auf dem Kopf einen Nachttopf als Krone, wieder eine andere uriniert auf das Haupt einer weiteren. Sorgsam gewählte Dialoge tragen entscheidend zur feinfühlig registrierten Irrenhausatmosphäre bei: »Hör mal zu, du Sau. Trotzdem war er impotent.«

So und nicht anders klingt echte Kunst. Wenn da nicht scharenweise die Cineasten gelaufen kommen, um dem lieben Schroeter beifällig auf die Künstlerschulter zu klopfen: »Das ist aber ganz toll caligaresk, Werner.« Wen stört's, wenn Schroeter selbst zugibt, von Psychologie keine Ahnung zu haben (sein Psychologiestudium hat er nach drei Semestern abgebrochen)? Wen interessiert's, ob Schroeter das Filmemachen schwerfällt (er hat es nur sechs Wochen auf der Münchner Hochschule für Film und Fernsehen ausgehalten und sein Filmgenie danach selbst mit Hilfe des schmalspurigen 8-mm-Formats geschult)?

Hauptsache, Filmkunst-Guru Schroeter fördert die latent masochisti-
schen Ambitionen seiner Kultgemeinde, denn es gehört schon ziemlich viel Masochismus dazu, den Streifen mehr und mehr im Sumpf
kinofilmungerechter Idiotie versinken zu sehen, bis sich kaum jemand
mehr in dem Meisterstück zurechtfindet. Erst zum Schluß gibt's
wieder Äktschen (und zwar knüppeldick), wenn sich eine Patientin im
Waschraum erhängt, die morschen Kulissen des Filmstudios über der
Anstaltsärztin Ingrid Caven zusammenstürzen und Carol, aus dem
Irrsinn entlassen, überfahren wird.

  Als der Film zu Ende ist, sind die paar Kritiker, die sich in die
Pressevorführung verirrt haben, ratlos. Verlegen meint einer, die
Technik sei ja ganz gut gewesen. Erwartet er etwa von einem
sündteuren Film, den ausgerechnet der Bayerische Rundfunk finanzieren half (Idioten haben eben mitunter künstlerische Narrenfrei-
heit), auch noch verwackelte Bilder und scheppernden Ton? Dann
freilich wäre der Schroeter-Genuß wahrlich »vollkommen«...

Vampyros Lesbos - Die Erbin des Dracula
(El signo del Vampiro/Las Vampiras)

Bundesrepublik/Spanien 1970. Produktion: Arturo Marcos und Karl Heinz Mannchen/
Tele Cine und Fenix-Filmar. Regie und Drehbuch: Jesus Franco Manera. Story: Jesus
Franco Manera und J. Chavarri. Sehr frei nach Bram Stoker. Kamera: Manuel Merino.
Musik: Manfred Hübler, Siegfried Schwab – Paul Grasel. Musikaufnahme: Audio
Tonstudio Berlin. Maske: Paloma Fernandez. »Spezial«effekte (keine Ahnung, wo die
gewesen sein sollen – RG): M. Baquero. Schnitt: Clarissa Ambuch. Darsteller: Susann
Korda – Soledad Miranda (Nadine), Ewa Strömberg (Linda Westinghouse), Dennis Price
(Dr. Elton Seward), Paul Müller, Heidrun Kussin, Michael Berling, Viktor Feldmann, J.
Martinez Blanco, Jesus Franco Manera. Farbe, 89 Minuten.

> »Preß deinen Mund an meinen Mund
>   Der Menschen Odem ist göttlich
>   Ich trinke deine Seele aus
>   Die Toten sind unersättlich«

Dieses dem Werk vorangestellte Heinrich-Heine-Zitat (aus »Helena«) unterstreicht unzweideutig den zweifelhaften »kunstgewerbli-
chen« (so ein Kritiker) Anspruch einer Produktion, die – unter uns
gesagt – weit besser charakterisiert ist durch den Aufschrei eines der
Darsteller:
»Das Gehirn muß tödlich getroffen werden.«
  Das sinnige Motto erfüllt der Film wahrlich zur Genüge. Mit jedem
einzelnen Meter (und das Ding hat eine Gesamtlänge von zweitau-

sendvierhundertvierzig Metern!) stürzt er den unglücklichen Betrachter tiefer in die verzweifelte Situation des Alex aus Uhrwerk Orange. Der wird im Rahmen der »Ludovico-Therapie« gezwungen, sich bis zum Erbrechen furchtbarste Filmschnipsel anzugucken, wobei er dem Einfluß einer Droge ausgesetzt ist, die entsetzliche Übelkeit verursacht. Vampyros Lesbos kann freilich auf solch eine Droge getrost verzichten – die Übelkeit stellt sich hier von ganz alleine ein.

Schon der Soundtrack, der dem Unternehmen den letzten »avantgardistischen« Schliff gibt, ist zum Kotzen: Da hat doch irgendein findiger Tonband-Matador Funksprechverkehr rückwärts laufen lassen und mit einer unerträglichen Mischung aus Flower-power und Heimorgel gemixt. Nicht minder »avantgardistisch« sind gewisse Bildkompositionen, die sich wie die Musik unwohltuend über den ganzen Film erstrecken: das völlig zusammenhanglos auftauchende Bild eines Dampfers zum Beispiel oder ein Drachen, den eine unbekannte Hand steigen läßt.

Dieser Drachen – womit wir uns behutsam dem Thema nähern wollen – vertritt in der neuzeitlich-gewagten Bildersprache des Films offensichtlich die gruselfilmerprobte, doch leider allzu antiquierte Fledermaus. Denn mittels besagtem Drachen werden aus luftiger Höhe an willige Opfer so hanebüchene Befehle erteilt, daß auch der Dümmste, ohnehin in Kenntnis des Titels, gleich merkt, was dahintersteckt: das unglaublich wüste Treiben von Vampiren!

Wir haben es zu tun mit einer höchst abstrusen Neufassung des Vampirabenteuers von Jonathan Harker – ob das nun Bram Stoker paßt oder nicht. Der, würde er noch leben, hätte sich gewiß mit Kruzifix und Knoblauch gegen diesen Wechselbalg aus der elenden Dracula-Sippschaft zur Wehr gesetzt, den ein ungelehriger Schüler, der Spanier Jesus Franco Manera, da auf die Welt losgelassen hat. Ende der sechziger, Anfang der siebziger Jahre galt Manera als leidenschaftlicher, wenn auch erfolgloser Apologet filmischer »Sex-Vampire« und war derart überzeugt von seinem hemmungslosen Tun, daß er sich stets hinter wohlklingenden Pseudonymen verbarg: Jess Franco, Jess Frank, Frank Hollmann, Clifford Brown, James P. Johnson, David Kuhne. Sein reichhaltiges Œuvre umfaßt Titel wie Küss mich, Monster; Necronomicon (den die Moskauer »Prawda« laut Verleihreklame angeblich eine »typische Sauerei des Kapitalismus« nannte); Robinson und seine wilden Sklavinnen und Sexy Blues. Dennoch scheint auch ein Manera bisweilen unter ungesunden Anfällen von Selbstkritik zu leiden. In einem Interview gab er mal von sich, der heutige spanische Horrorfilm, dessen verdienter Exponent er ist, sei schrecklich, im wahrsten Sinne des Wortes: »Es gab in Spanien Lichtblicke des phantastischen Films. Bunuel z. B., der sich auf halbem Weg zwischen Realismus und Surrealismus bewegte. Aber die heutigen kommerziellen spanischen Horror-Produktionen sind das Schlimmste, was ich je gesehen habe.« Das schlimmste Eigentor hat er natürlich selbst getreten: VAMPYROS LESBOS.

Aus Stokers Jonathan Harker ist bei Manera eine junge, in einem Anwaltsbüro in Istanbul tätige Blondine mit Namen Linda Westinghouse geworden. Diese wird seit geraumer Zeit von grauenvollen Alpträumen heimgesucht, in deren Mittelpunkt eine schwarzhaarige Schöne steht, »liebestoll, pervers, blutgierig, verlangend, betörend« (so das Programmheft). »Und jedesmal, jedesmal packt mich die Angst«, bekennt Linda ihrem Psychiater Dr. Steiner. »Aber es ist merkwürdig. Gleichzeitig erregt diese Frau mich auch. Ich bin mehr als einmal dabei schon zum Orgasmus gekommen.« Der verständnislose Steiner diagnostiziert eine »sexuell unbefriedigte Frau« und rät: »Suchen Sie sich einen Liebhaber. Einen **besseren** Liebhaber.« (Lindas Freund Omar scheint nicht nur ein viertklassiger Schauspieler zu sein.) In seiner fachidiotischen Ahnungslosigkeit begreift der Psychiater nicht, daß es mehr Dinge zwischen Himmel und Erde gibt . . . Denn Linda will ihre »Alptraumfrau« wiedererkannt haben – in einer Striptease-Tänzerin.

Bald darauf wird das total verunsicherte Mädchen von ihrem Büro nach Anatolien geschickt, auf eine Insel, wo dem Vernehmen nach »Wahnsinn und Tod« herrschen. Dort soll sie ein Geschäft abwickeln mit Nadine, einer vermögenden Gräfin. Selbige Nadine entpuppt sich als bewußte Striptease-Tänzerin und Frau ihrer Träume.

Nachdem Linda, noch ganz benommen, festgestellt hat, eine wie schöne Aussicht die Gräfin hier habe, fragt diese sie völlig ungeniert, ob sie nicht Lust habe – mit ihr schwimmen zu gehen.

Linda, wohlerzogen: »Ich habe aber keinen Badeanzug.«

Nadine, anzüglich: »Sie schämen sich doch nicht vor mir?«

So darf der Zuschauer, sofern er das Theater nicht schon verlassen hat, ein paar (nicht allzu) freizügige Aufnahmen »genießen«, worauf sich die beiden Badenixen in den Sand hauen.

Nadine: »Das macht Spaß, nackt im Sand zu liegen, besonders zu
            zweit, finden Sie nicht auch?«

Linda: »Ja, das ist wahr.«

Doch das Vergnügen währt nicht lange, und Linda geht zum

geschäftlichen Teil über, will von Nadine etwas über den Mann wissen, der ihr ein kleines Vermögen vermachte: einen gewissen Grafen **Dracula**. (Sollte die naive Blondine etwa versäumt haben, sich den im Vorjahr entstandenen Jess-Franco-Schocker NACHTS, WENN DRACULA ERWACHT mit Christopher Lee anzutun?)

»Es gibt leider nicht viele, die großzügig sind«, bedauert Nadine und blüht auf in der Erinnerung an den Grafen: »Es ist wunderbar, was ich alles von ihm bekommen habe. Später gebe ich es weiter an jemanden, der es verdient.« – Linda, unwissend: »Wenn ich Ihnen dabei helfen kann...« – Nadine, sarkastisch: »Ja, das wäre möglich. Vielleicht eher, als Sie denken.«

Dann, in einer alles Weitere verschweigenden Überleitung, wird uns ein echter Gelehrter vorgeführt, Dr. Seward (verkörpert von Dennis Price, der als Hauptdarsteller von ADEL VERPFLICHTET auch mal bessere Tage gesehen hat), der in einem verstaubten Folianten schmökert:

»Der Mond wird sich färben rot wie Blut,
und der Unwirkliche wird heraustreten aus dem Schatten
und sich seine Opfer suchen,
unerbittlich und grausam.«

Unerbittlich – wie die Handlung dieses Films, in deren Verlauf Linda inzwischen ein so kräftiger Schock versetzt wurde, daß sie augenblicklich in Sewards Privatklinik eingeliefert werden mußte, deren hohen medizinischen Standard die Filmleute clever zu tarnen wußten (nur Sewards einziger Mitarbeiter desavouiert die Geheimhaltung, indem er dauernd in einem weißen Kittel rumspringt).

In diesem entscheidenden Moment taucht, gänzlich unerwartet, Omar, Lindas viertklassiger Freund, in der abgelegenen Klinik auf. Er scheint zu ahnen, daß die baufällige Villa neben der übergeschnappten Agra (»Meine Freundin ist die Herrscherin der Nacht«) nun auch eine zweite Patientin beherbergt. Als Seward ihn fragt, wieso er vermute, daß es sich um seine Freundin handelt, antwortet Omar mit messerscharfer Logik: »Weil sie nicht mehr da ist.«

Bevor er die beiden von dannen ziehen läßt, gibt der Gelehrte Linda noch eine Warnung mit auf den Weg:

»Sie sind gefährdet. Ich hab' es geahnt. Sie sind von den Geistern der Nacht auserwählt worden. Ich fürchte mich auch vor diesen Mächten, aber trotzdem muß ich dieses Phänomen erforschen.«

Na, das ist noch Forschergeist, was?

Nur leider forscht der gute Doktor ein wenig zuviel in seiner krankhaften Sucht, mit den Mächten des Bösen, mit Vampiren in Kontakt zu treten. Das ist kein Van Helsing mehr, der nächtliche Beißer und ähnliche Ruhestörer mit spitzen Holzpflöcken zur Strecke bringt, sondern einer, der selbst Vampir werden will, was die wenig später im Sanatorium aufkreuzende Nadine freilich geschickt zu unterbinden weiß. Gnadenlos und hinterrücks läßt sie Seward, der vergebens einen Bannspruch murmelt (»Sanctus spiritus benedictus...«), von ihrem mysteriösen Helfer Morpho erwürgen.

Mit Männern hat die in einem reizenden Negligé herumtänzelnde Gräfin nämlich nicht viel im Sinn (hier offenbart sich, wie gründlich Manera auch einen zweiten Vampirklassiker, Sheridan Le Fanus lesbische »Carmilla«, durchdrungen hat) – bedingt durch ein fatales Kindheitstrauma: Vor zweihundert Jahren wurde die kleine Nadine von einem rohen Wüstling vergewaltigt (»Es war das erste Mal in meinem Leben. Es war entsetzlich«). Glücklicherweise war genau im rechten Moment der seinerzeit noch aktive Klein-Mädchen-Freund Dracula zur Stelle, der dem Rohling zwar nicht die Zähne, wohl aber sein Messer in den schnöden Rücken bohrte. Als Belohnung holte er sich aus Nadines Blut neues Leben und machte sie damit selbst zum Vampir und zu seiner legitimen Erbin.

Warum er das tat?

»Er war mir körperlich verfallen und konnte sich nicht lösen.

Ihm verdanke ich, daß ich zum Kreis der Eingeweihten gehöre.«
Aber – ABER:

»Mein Abscheu vor den Männern
ist geblieben.
Ich hasse sie alle!
Viele sind mir verfallen,
viele **Frauen**, du verstehst?
Ich habe sie verzaubert,
sie haben ihr eigenes Ich verloren,
ich bin **sie** geworden.
Aber dann
traf ich Linda,
und nun bin ich in **ihrem**
Bann.
Ich muß sie einweihen
in unseren Kreis.«

Geil vor Erregung bietet sie der geliebten Linda einen schmackhaften Trank:

»Das ist **Blut**. Wußtest du, daß du **Blut** getrunken hast? Du bist jetzt in unseren Bund aufgenommen. Die Herrscherin der Nacht nimmt dich auf ihre schwarzen Schwingen.«

Doch Linda, ihre ganze moralische Kraft aufbietend, widersteht der teuflischen Versuchung des lesbischen Vampirismus. Nachdem sie im Weinkeller eines billigen Hotels den verrückten Gemahl der weiter nicht mehr in die Handlung eingreifenden verrückten Agra zersägt hat, welcher ihr Gewalt anzutun drohte (»Im Schmerz lieben mich alle«), geht es Nadine ans Negligé, die wohl schon fühlt, daß der Film gleich aus ist: »Das ist das Ende. Es muß das Ende sein.«

Noch nicht ganz, denn erst saugen Linda und Nadine noch mal in aller Ruhe **Blut**, worauf Linda einen spitzen Gegenstand in Nadines Kopf bohrt. Als der getreue Morpho ins Schlafgemach tritt, ist es bereits zu spät: Zu Tode betrübt, küßt er Nadines Leichnam, zieht das fiese Mordinstrument aus dem schönen, aber toten Körper und stößt es sich in die Magengegend.

Die exzeptionelle Symbolsprache des Films will es, daß auch noch der putzige kleine Skorpion, der in Vertretung Nadines schon den ganzen Film durchs Bild hüpfte, im Swimmingpool verendet, bevor der farblose Omar zum wohlverdienten Happy-End eintrifft. Ihm gesteht Linda die allgemeine Verwirrung:

»Ich versteh' das alles nicht.

Ich versteh's nicht.

Ich versteh's nicht.«

Und, im hundertprozentigen Einvernehmen mit dem Zuschauer, resümiert sie:

»Der Schrecken dieser Tage wird verblassen. Aber die Erinnerung daran wird immer bleiben, solange ich lebe.«

(So ist das nun mal bei schlechten Filmen!)

PS: Als ich einen leitenden Angestellten des deutschen Co-Produzenten mal auf diesen Schwund ansprach, lächelte der weise wie ein Buddha und schob grinsend die Schuld auf den Verleiher: Dieser arme Tropf sei ganz wild gewesen, den Unfug zu kriegen, und so einer müsse es ja schließlich wissen. Gemeint war der Pleite-Freiherr Wolfdieter von Stein, dessen filmischer Wagemut nach dem spektakulären Konkurs seiner Cinerama Filmgesellschaft sogar mit Gefängnis belohnt wurde. Übrigens, so mein Informant, sei VAMPYROS LESBOS damals im Paket mit einem Film verkauft worden, der vom gleichen

(Unheils-)Team stammte, aber noch schlimmer war: SIE TÖTETE IN EKSTASE. Hierbei handelte es sich um die grausame Geschichte einer blutigen Rache, die eine Medizinergattin an einem Ärztekollegium übt, von dem ihr Mann wegen seiner Experimente an Embryos als Scharlatan abgestempelt wurde. Der wirkliche Scharlatan aber ist der Gentleman, der den Irrsinn dieser beiden Filme produzierte, jedoch wohlweislich darauf verzichtete, im Vorspann genannt zu werden: »Atze« Brauner!

Die verruchte Lady (The Wicked Lady)

USA/England 1982–83. Produktion: Menahem Golan und Yoram Globus/The Cannon Group. Regie: Michael Winner. Drehbuch: Leslie Arliss und Michael Winner. Frei nach einem Roman von Magdalen King-Hall. Zusätzliche Dialoge: Gordon Glennon und Aimee Stuart. Kamera: Jack Cardiff. Musik: Tony Banks. Künstlerische Effekte: Albert J. Whitlock. Schnitt: Arnold Crust. Darsteller: Faye Dunaway (Lady Barbara Skelton), Alan Bates (Captain Jerry Jackson), Sir John Gielgud (Hogarth), Denholm Elliott (Sir Ralph Skelton), Glynis Barber (Caroline), Oliver Tobias (Kit Locksby), Prunella Scales (Lady Kingsclere), Derek Francis (Lord Kingsclere), Joan Hickson (Tante Agatha), Helena McCarthy (Moll Skelton), Mollie Maureen (Doll Skelton). Farbe, 99 Minuten.

»Ein Abenteuerfilm der Superklasse! Produktionskosten: 12 Mio. Dollar. Die Neuverfilmung des seinerzeitigen Welterfolgs ›Frau ohne Herz‹, der mit Margaret Lockwood und James Mason in den Hauptrollen auch in Deutschland zu den größten Nachkriegserfolgen zählte. Tagsüber eine feine Lady, bittet die gleiche Dame nachts als Straßenräuberin die feinen Herrschaften in ihren Postkutschen zur Kasse. Eine Bombenrolle für Faye Dunaway, die seit ›Bonnie und Clyde‹ für derartige knallharte Rollen prädestiniert ist«, wirbt der deutsche Verleih und zitiert in großformatigen Anzeigen gleich noch die Weltpresse, die vor Begeisterung über diesen Film angeblich nicht an sich halten kann:

»Alles ist, wie es sein soll ... hinreißende Kamera ... herrliche Kostüme ... forsche Edelhuren ...«
The Standard
»Eine tatkräftige Übung in Bett und Bordell ...«
Sunday Telegraph
»Ein flotter Regisseur ... so viele nackte Typen springen herum, daß es wie eine Fruchtpudding-Fabrik aussieht, in der Überstunden gemacht werden.«
Daily Mirror
Mit dem flotten Regisseur ist Michael Winner gemeint, berüchtigt als

Worüber Männer lachen

Apologet der Lynchjustiz (EIN MANN SIEHT ROT) und Fehlinterpret von Raymond Chandler (TOTE SCHLAFEN BESSER). Engagiert wurde dieser Herr von den (ohn-)mächtig ins große Filmgeschäft drängenden Cannon-Leuten Menahem Golan und Yoram Globus, deren Produktionsprogramm sich liest wie ein Abc des schlechten Films: THE APPLE; EIS AM STIEL; HERKULES (mit Lou Ferrigno); DER MANN OHNE GNADE (Regie: Winner); NINJA – DIE KILLER-MASCHINE; SAHARA (mit Brooke Shields und dem am Ende seiner Karriere angelangten Hotte Buchholz). Mit dem Schlachtruf »Gib uns Titten, Mike!« ermunterten sie den Regisseur, den 1945 von Leslie Arliss realisierten Filmstoff den nackten Erwartungen des heutigen Kunstfilmpublikums entsprechend aufzumotzen. Und wo es mal nicht prall und drall zugeht, kann man sicher sein, daß einen gleich um die Ecke ein paar Unglückliche erwarten, die an schmucken Stricken baumeln (Stimme aus dem Off: »Ich sage: Hängt sie alle!«).

Stürzen wir uns also ungeniert ins 17. Jahrhundert, so wie sich Winner und Golan-Globus daran zu erinnern glauben:

Sir Ralph Skelton, Herr auf Maryiot Cells, will endlich die bezaubernd junge Caroline ehelichen, deren väterlicher Freund er seit dem Tode ihres leiblichen Vaters war. Zur Brautjungfer hat sich Caroline ihre Freundin Barbara erkoren: »Sind deine Augen immer noch so märchenhaft grün?« Aber auch Barbara ist auf der Suche nach einem geeigneten Freier:

Barbara: »Wer käme denn hier so in Frage, den man umgarnen könnte?«

Caroline: »Die Grundbesitzer in unserer Gegend sind alle schon im Netz – mit Ausnahme von Ralph. Er ist ohnehin der netteste.«

Barbara,   mit hochgezogenen Augenbrauen:
                »Jaaaaa.«

Bei einem gemeinsamen Ausritt mit Ralph sorgt Barbara listig dafür, daß ihr der Gaul durchgeht. Elegant springt sie über dem nächsten Heuhaufen ab und der besorgte Ralph gleich auf sie.

Ralph: »Barbara, Barbara!«

Barbara: »Ralph, Ralph!«

Schon kurz darauf kann Barbara ihre beste Freundin Caroline beiseite nehmen und ihr unter dem Siegel der Verschwiegenheit verraten, daß Ralph in sie verknallt ist. Aufgeregt stürzt Caroline in Ralphs Arbeitszimmer, dem ob ihrer Direktheit unverzüglich das Sherry-Glas aus den Fingern gleitet.

Caroline: »Stimmt das: du liebst Barbara?«

Ralph: »Wie meinst du das?«

Caroline: »Sag mir die Wahrheit.«

Ralph: »Ich gebe zu, daß sie mich fasziniert.«

Caroline,   enttäuscht:
                »Und mich hast du nie faszinierend gefunden?«

Ralph: »Ich bitte dich, Caroline, das ist doch . . .«

Caroline: »Du hast für mich gesorgt nach Vaters Tod – und ich, ich habe mich um das Haus gekümmert.«

Betrübt verläßt sie das Zimmer und geht in Begleitung von Barbara die Treppe rauf, wobei es zu einer zwingend erforderlichen Aussprache zwischen den beiden Frauen kommt.

Barbara: »Ich bitte um Verzeihung. Ich möchte sofort abreisen. Wenn ihr die Kutsche bestellen würdet . . .«

Caroline: »Ralph ist frei. Die Frau, die er liebt, soll er auch heiraten.«

Barbara: »Glaub' mir, Caroline, ein solches Opfer könnte ich

157

Worüber Frauen lachen

            niemals annehmen. Es würde mir das Herz brechen.«

Caroline: »Hier soll kein Herz gebrochen werden. Die Hochzeit findet statt. Allerdings mit einer anderen Braut.«

Caroline will gehen.

Barbara: »Wo willst du hin, Caroline?«

Caroline: »Die Kutsche bestellen. *Ich* brauche sie jetzt.«

Nach einer kleinen Pause.

Caroline: »Vielleicht möchtest du *mich* jetzt als Brautjungfer.«

Barbara: »O Caroline, würdest du das tun?«

Caroline: »Hier, sieh doch, was ich trage, das ist mein Hochzeitskleid. Wenn du willst, kannst du es tragen.«

Barbara: »Verbindlichsten Dank. *(Leise, zu sich selbst:)* Darin möchte ich nicht begraben sein.«

    Doch während sie vor dem Traualtar ihr Jawort gibt, fällt ihr grünäugiger Blick bereits auf einen anderen, jüngeren Mann, der in einer Kirchenbank hockt. Bei der anschließenden Hochzeitsfeier geht sie unbekümmert auf den Jüngling los und fordert ihn zu einem Tänzchen auf.

Der Fremde: »Ich habe mich in der Kirche in Euch verliebt, als Ihr zum Altar geführt wurdet – zu einem anderen Mann.«

(Aha, der Fisch zappelt also schon im Netz!)

Barbara: »Dieser Scherz ist geschmacklos.«

Der Fremde: »Das ist kein Scherz.«

Barbara: »Hört sich an, als würdet Ihr die Wahrheit sagen.«

Und Barbara, die Geschmacklose, schreckt nicht davor zurück, den schönen Fremdling zu küssen, in aller Öffentlichkeit, noch bevor die Hochzeitsnacht angebrochen ist.

Sie läßt sich ein von Ralph getrenntes Schlafzimmer zuweisen, welches interessanterweise über eine Geheimtür samt dazugehörigem Geheimgang verfügt, in dem sich die Ratten nur so tummeln. Schlimmes Vorzeichen.

Eines Abends, als sie beim Kartenspiel die wertvolle Brosche ihres geliebten Mütterleins an die verhaßte Schwägerin verloren hat, überkommt es Barbara. Sie verschwindet im Geheimgang, kleidet und maskiert sich schwarz wie Captain Jerry Jackson, der in dieser Gegend sein räuberisches Unwesen treibt, schwingt sich auf ihr Pferd und überfällt die Kutsche ihrer abreisenden Schwägerin.

Allerdings hat sie jetzt nicht nur die Brosche wieder, sondern zu allem Unglück daran Gefallen gefunden – zumal sie ja die Gefahr liebt –, als weiblicher Robin Hood tätig zu werden (auch wenn sie nicht im Traum daran denkt, die Beute mit den Armen zu teilen). Auf diese Weise reitet sie, unvermeidlich wie es ist, dem echten Captain Jackson (»Du bist eine Frau?«) über den Weg. Die beiden vereinbaren sogleich, künftig gemeinsam auf Raubzug zu gehen. Für jeden die Hälfte! Doch sieht sich die »grünäugige Hexe« gezwungen, Jackson zu warnen: »Wenn du mich je betrügen solltest: ich wäre eine gefährliche Feindin.«

Derweil liegt ihr betrogener Ehemann allein im Bett, wendet sich hilfesuchend an Caroline, die emsig im Haushalt schuftet.

Ralph: »Ich liebe dich, Caroline.«

Caroline: »Ich liebe dich auch.

Ich habe dich immer geliebt.«

Seine holde Gattin erschießt währenddessen beim Überfall auf einen Goldtransport den jungen Matt vom Kutschenbegleitkommando und verliert bei dieser unschönen Gelegenheit unvorsichtigerweise ihr Taschentüchlein, das schnurstracks Skeltons bibelfestem Butler Hogarth (verkörpert von dem wunderbaren Shakespeare-Mimen Sir John Gielgud) in die Hände fällt (»Bedeckt eure Blößen, schamloses Gesindel! Aus meinen Augen, zügellose Schlampen!«). Stets waren diesem Myladys Eitelkeit und Hoffart ein Dorn im wachsamen Auge.

Hogarth: »Möge der Herr Eurer verirrten Seele gnädig sein, Lady Skelton.«

Barbara: »Hogarth, wie könnt Ihr Euch unterstehen?«

Hogarth: »Schon lange war ich von Argwohn gepeinigt. Der Herr gebot mir, Eure Schritte zu überwachen.«

Barbara: »Was meint Ihr damit?«

Hogarth: »Ich habe Euch nachts fortreiten sehen, als Mann verkleidet.«

Da sprudelt es heraus aus Barbara: Ja, ihre Seele habe sich verirrt, dieser Captain Jackson sei ein »gehorsamer Diener des Teufels« und habe sie »verhext«.

Barbara: »Helft mir, Hogarth.
             Errettet mich von den Qualen der Hölle.«

Hogarth: »Arme, elende Sünderin!«

Barbara: »Es ist noch nicht zu spät.
             Errette mich aus der Gewalt des Teufels.«

Hogarth   – hat endlich ein Einsehen:
             »Möge der treue Diener des Herrn dieser Aufgabe gewachsen sein. Versprecht Ihr mir, fortan ein reineres, tugendhafteres Leben zu führen?«

Barbara: »Von ganzem Herzen!«

Dann, ja dann wolle er das Geheimnis mit ins Grab nehmen: »Laßt uns beten!«

Die kommenden Wochen und Monate verbringt Barbara, fern von Jackson, brav und züchtig unter der gestrengen Obhut des allgegenwärtigen Hogarth, in tiefer Dankbarkeit: »Was wäre ich wohl ohne Euch, lieber Hogarth?« Während Caroline fröhlich in London Schlittschuh läuft (Barbara: »Ja, lieber Hogarth, sündigen und Schlittschuh laufen!«). Und mit wem sündigt und läuft sie Schlittschuh? Mit keinem anderen als dem Jüngling von der Hochzeit, in den sich auch Barbara, zum ersten Mal in ihrem Leben, unsterblich verliebt hat. Kit Locksby heißt er.

Caroline: »Wir haben beide den Mond angebetet.«

Kit: »Das haben wir.«

Unterdessen ist Hogarth bettlägerig geworden. Gar nicht gut geht es dem frommen Mann. Kein Wunder, träufelt ihm Barbara doch auch regelmäßig ein höchst unbekömmliches Gift ein.

»Ich habe keine Angst vor dem Ende, aber was wird aus Euch ohne meine Führung?« fragt er Mylady ratlos, die plötzlich zum Kissen greift, damit der Alte ein wenig schneller das Zeitliche segnet.

Nachdem Hogarth erstickt ist, halten Barbara keine zehn Pferde. Endlich wieder in maskierter Musketier-Gewandung, schwingt sie sich auf ihren Klepper und galoppiert geradewegs zu Jacksons Stammlokal tief im Wald, wo sie ihn dummerweise mit einer anderen Frau im Bett antrifft.

Jackson will erklären: »Barbara, sie bedeutet mir nichts.«

Aber Barbara hat genug gesehen:

»Dieses Frauenzimmer, so billig es aussieht, es wird dich teuer zu stehen kommen, Jackson.«

Kurzentschlossen reitet sie zurück nach Maryiot Cells und wirft vermittels eines Steins klirrend eine Botschaft durchs Fenster, Ralph vor die Füße, in welcher geschrieben steht, wo sich der ruchlose Jackson versteckt hält. Sofort bricht Ralph mit seinen Getreuen auf und führt Jackson der irdischen Gerechtigkeit zu.

Da der Captain der populärste Galgenvogel der letzten zwanzig Jahre ist, findet sich natürlich eine begeisterte Menschenmenge, um jubelnd seiner Hinrichtung beizuwohnen (sogar Jackson-am-Galgen-Puppen werden feilgeboten).

Bevor sich die Schlinge um seinen Hals legt, ergreift der schurkische Held noch einmal das Wort:

»Ganz gleich, ob ihr gegen mich seid oder für mich, wichtig ist allein, daß ihr meinetwegen so zahlreich erschienen seid, um mir einen grandiosen Abgang zu verschaffen.

(Applaus)

Den liebreizenden Damen rufe ich zu:

Verschwendet eure Tränen und eure Zärtlichkeiten nicht an Schufte wie mich. Spart sie lieber auf für einen treuen und ehrlichen Mann – falls ihr einen findet. Ich wünsche es euch.

Und euch Männern noch ein Wort zur Warnung:

Vertraut niemals einer Frau. Mag sie auch noch so sehr beteuern, daß sie euch liebt und keinen anderen – am Ende verrät sie euch doch.«

Ja: **»Weiberlist und Weibertücke legt den stärksten Mann in Stücke!«**

Abschließend läßt er Barbara, die von ihrer Kutsche aus der Hinrichtung beiwohnt, noch einen Brief überbringen. Das sieht seine

Bettgenossin, worauf es zwischen ihr und Barbara zu einem richtig schönen Damen-Catch-as-catch-can kommt. Selbiges sportliche Ereignis lenkt die allgemeine Aufmerksamkeit von der Tatsache ab, daß Jackson schon eine ganze Weile am Galgen zappelt, bevor ihn seine Kumpel gänzlich unversehrt abtrennen können: »Deshalb wurde er auch Jerry Jackson, der Glückspilz, genannt.«

Am Abend steht er, das gemarterte Körperteil in ein modisches Halstuch geschlungen, plötzlich in Barbaras Schlafzimmer und würgt seine Komplicin erst mal, worauf er ihr eröffnet: »Wir werden ganz einfach dort weitermachen, wo wir aufgehört haben, mein Schatz.«

Jackson kann es eben nicht lassen – und auch Barbara nicht.

Jackson: »Was steht auf dem Programm?«

Barbara: »Es wird gleich eine Kutsche kommen.«

Heißa, wie in alten Zeiten! Das heißt: nicht ganz. In der Kutsche sitzt Ralph, dessen Barbara sich in dieser Nacht entledigen will, um ungestört ihren Kit vernaschen zu können.

Bei soviel Übeltat freilich will selbst der üble Jackson nicht mehr mitspielen. Er kündigt Barbara die Teilhaberschaft und reitet auf und davon, da streckt ihn die verruchte Lady mit einem wohlgezielten Schuß, in den Rücken – versteht sich, nieder. Sterbend richtet auch Jackson seine Kanone auf sie: »Bis zu unserem nächsten fröhlichen Wiedersehen in der Hölle.«

Aber, was ihm mißglückt, das gelingt – gegen seinen Willen – Kit, der zusammen mit Caroline und Ralph in der nahenden Kutsche hockt. Wie sich jetzt herausstellt, haben Caroline und Kit das Liebespaar auf Ralphs Wunsch nur gespielt: Um Barbara eifersüchtig zu machen, damit sie sich noch mehr für Kit interessiert und ihr die Trennung von ihrem Mann um so leichter fällt, der ja wieder zu Caroline will – »und so kriegt jeder, was er möchte«.

Barbara, die leider von alldem nichts weiß, begeht den törichten Fehler, die Kutsche zu stoppen, weswegen Kit, der sie logischerweise für Jackson hält, augenblicklich auf die Geliebte feuert.

Tödlich getroffen kehrt Barbara nach Maryiot Cells zurück und legt sich gleich aufs Kanapee, um zu sterben.

Da stürzt Kit herein.

Kit: »Was ist passiert?«

Barbara: »Daß ich dich liebte, Kit, war noch das einzig Gute in meinem Leben.«

Kit: »Alles, was du getan hast, war gut.«

Barbara: »Nein, du hast keine Ahnung.«

Kit: »Du weißt nicht, was du sagst.«
Barbara: »Ich hab' sie getötet:
            Matt, Hogarth, Jackson.
            Und heute nacht habe ich deinetwegen Ralph töten
            wollen.«
Kit: »Du?«

Ende der Vorstellung – übrigens auch für den Film, der im Berliner Filmzentrum am Zoo auf so begeisterte Zustimmung seitens des Publikums stieß, daß man ihn nach drei, vier Tagen aus dem Programm nehmen mußte.

Unser Mann in Grenada

Literaturverzeichnis

Bücher

Richard Bojarski: The Films of Bela Lugosi. Vorwort: Carol Borland. Secaucus, N. J. 1980.

Robert Cremer: Lugosi. The Man Behind the Cape. Einführung: Bela Lugosi jr. Chicago 1976.

Film in Berlin. 5 Jahre Berliner Filmförderung. Herausgegeben vom Senator für Wirtschaft und Verkehr. Redaktion: Hubert Ortkemper. Berlin 1983.

Robert Fischer/Joe Hembus: Der Neue Deutsche Film 1960–1980. Vorwort: Douglas Sirk. München 1981.

Wolfgang Gorter: Mein Freund Luis Trenker. Seebruck am Chiemsee 1977.

Das große Luis Trenker Buch. Vorwort: Carl Zuckmayer. München, Gütersloh, Wien 1974.

Hanna Schygulla: Bilder aus Filmen von Rainer Werner Fassbinder. Mit einem autobiographischen Text von Hanna Schygulla und einem Beitrag von Rainer Werner Fassbinder. München 1981.

Joe Hembus: Der deutsche Film kann gar nicht besser sein. Ein Pamphlet von gestern – Eine Abrechnung von heute. Mit einem Beitrag von Laurens Straub. München 1981.

Alexander Kluge (Hg.): Bestandsaufnahme: Utopie Film. Zwanzig Jahre neuer deutscher Film/Mitte 1983. Redaktion: Christel Buschmann, Klaus Eder, Irene Kraushaar, Anna Kubina. Frankfurt am Main 1983.

Adolph von Knigge, Über den Umgang mit Menschen, München 1970.

Arthur Lennig: The Count. The Life and Films of Bela »Dracula« Lugosi. New York 1974.

Harry und Michael Medved: The Golden Turkey Awards. Nominees and Winners – The Worst Achievements in Hollywood History. New York 1980.

Kurt Raab/Karsten Peters: Die Sehnsucht des Rainer Werner Fassbinder. München 1982.

Regina Maris: Memoiren eines schlechten Films. Kap Hoorn o. J.

K. H. Schärr: Nierenspender unbekannt, Rastatt 1961.

Tony Thomas: Ronald Reagan und seine Filme. Herausgegeben von Joe Hembus. München 1981.

Luis Trenker: Kameraden der Berge. Wien, München 1970.

Werner Herzog. Reihe Film 22. Mit Beiträgen von Hans Günther Pflaum, Hans Helmut Prinzler, Jürgen Theobaldy, Kraft Wetzel. München, Wien 1979.

Beiß ihn, Arnold!

Zeitschriften

Hans-Christoph Blumenberg: Am Ende der Schonzeit. Industrieprodukt oder Phantasieware: Wie kann unser Kino überleben? In: Die Zeit Nr. 28 vom 8. Juli 1983.

Wolf Donner: Rumpelstilzchen am Amazonas. In: tip-Magazin Nr. 6, Berlin 1982.

Rolf Giesen: Gefängnis des Irrsinns. In: tip-Magazin Nr. 7, Berlin 1982.

Rolf Giesen/Jochen Schütze: Filmische Untaten des Jahres 1981. In: tip-Magazin Nr. 26, Berlin 1981.

Rolf Giesen/Jochen Schütze: Rückkehr zum Schnulzenkartell? Das ausweglose Elend der deutschen Filmwirtschaft. In: Der Spiegel Nr. 43 vom 24. Oktober 1983.

Alex Gordon: I Remember Eddie Wood. In: Fangoria No. 25, New York 1983.

»Jetzt kommt der Augenblick der Wahrheit« tip-Umfrage: Wie deutsche Filmleute auf den Zimmermann-Vorstoß reagieren wollen. In: tip-Magazin Nr. 16, Berlin 1983.

Ed Naha: Sybil Danning. Hollywood's Amazing Amazon. In: Starlog No. 76, New York 1983.

Weitere Publikationen:
Nachschlagewerke, Periodika etc.

Blickpunkt: Film. Unabhängige Fachzeitschrift für die Filmbranche mit offiziellem SPIO-Titelregister.

Bundesamt für gewerbliche Wirtschaft: Film.

Filmbeobachter. Herausgegeben vom Gemeinschaftswerk der Evangelischen Publizistik e. V., eingestellt 1983.

Film-Dienst. Herausgegeben von der Katholischen Filmkommission für Deutschland resp. vom Katholischen Institut für Medieninformation e. V.

Film-Echo/Filmwoche vereinigt mit Filmblätter. Herausgeber: Horst Axtmann.

Filmstatistische Taschenbücher. Herausgegeben von der Spitzenorganisation der Filmwirtschaft e. V.

Illustrierte Film-Bühne. München 1946–1969.

Diverse Pressehefte der Filmverleihe.

Diverse Fahrpläne der Deutschen Bundesbahn.

Für Beschwerden aller Art steht Ihnen unser Lektor gern zur Verfügung

Register des Teufels

Bildnachweis

Apollo/Wa Bo-Mondial: S. 50; Arco: S. 84; Ascot/CCC-Filmkunst: S. 10;
Atlas: S. 91; Avis: S. 133/134; Bioskop/Filmverlag der Autoren: S. 32; Film-
partners Inc.: S. 23, 166; Filmverlag der Autoren: S. 102, 107; Filmwelt: S. 59;
Hartwig: S. 47; Herzog: S. 44, 52, 81; Jugendfilm: S. 45; Kora: S. 49; Krümel-
monster: S. 128, 129; Mutan Movies: S. 73, 76; Neue Constantin: S. 83; Pro-
kino: S. 147; Rapid: S. 116; Republic: S. 97; Senator: S. 80; Splendid: S. 42;
Tobis Filmkunst: S. 13; Twentieth Century-Fox of Germany: S. 102, 103;
UIP: S. 140; Ullstein-Bilderdienst: S. 26, 114, 164; Vollmann: S. 16, 123;
Warner-Columbia, absoluter Spitzenreiter mit: S. 11, 82, 88, 89, 156, 158, 168.

Bitte beachten Sie
die folgenden Seiten

Idole

In der Reihe
»Populäre Kultur«

Herausgegeben von
Siegfried Schmidt-Joos

Redaktion: Martin Compart

»Zwischen Poesie und
Protest«

John Lennon
Von Siegfried Schmidt-Joos

Randy Newman
Von Heinz Rudolf Kunze

Van Morrison
Von Manfred Maurenbrecher

Jacques Brel
Von Anne Bauer

Ullstein Buch 36503

»Unsere Legenden wollen
wir uns erhalten, weil sie
wahr geworden sind.«
        *»Der Mann, der Liberty
        Valance erschoß«*

Jörg Fauser

Blues für Blondinen

Essays zur populären Kultur

Ullstein Buch 36504

»Es gibt eine besondere
Müdigkeit der Blondinen,
die Dietrich hatte sie, Marilyn
Monroe hatte sie, keine
drückt sie so aus wie Cathérine
Deneuve, die Müdigkeit des
Westens. Wenn Kipling die
Bürde des weißen Mannes
besang, dann verkörpert die
Deneuve die Bürde der
weißen Frau, genauer, der
weißen Königin. Denn ob sie
nun eine Hure spielt oder
eine Heilige, eine Besessene
oder eine Gedemütigte, eine
Kriminelle oder ein Opfer,
immer spielt sie auch eine
Königin, eine Königin der
Lust, der Demut und der
Kälte, eine Königin des
Westens.«

Jörg Fauser

populäre Kultur